DIE ÄGYPTISCHEN KULTE ZUR RÖMERZEIT IN UNGARN

ÉTUDES PRÉLIMINAIRES AUX RELIGIONS ORIENTALES DANS L'EMPIRE ROMAIN

PUBLIÉES PAR

M. J. VERMASEREN

TOME PREMIER

V. WESSETZKY

DIE ÄGYPTISCHEN KULTE ZUR RÖMERZEIT IN UNGARN

LEIDEN
E. J. BRILL
1961

Steinfragment aus dem Alten Reich. Fundort Aquincum.

VILMOS WESSETZKY

DIE ÄGYPTISCHEN KULTE ZUR RÖMERZEIT IN UNGARN

MIT EINEM FRONTISPIZ, 16 TAFELN UND EINER KARTE

LEIDEN
E. J. BRILL
1961

DIE ÄGYPTISCHEN KULTE IN UNGARN

Die theokratische Staatsordnung der ägyptischen Spätzeit finden wir am vollkommensten in der Ammonstadt Theben verwirklicht. Die charakteristischen Merkmale dieser Staatsordnung waren: der Traditionalismus und die bewusste Durchführung der Archaisierung [1]. Beide haben der Religiosität der spätägyptischen Periode ihren Stempel aufgedrückt. Der Gegensatz zwischen den spekulativen Göttersystemen der Tempelzentren, und der volkstümlichen Religiosität der Massen im antiken Ägypten lässt sich bis zuletzt verfolgen [2]. An besonderer Schärfe gewann er in der griechisch-römischen Periode, als die in archaisierender Form abgefassten Theologien der Priester, der äusserlich, aber auch ihren inneren Formen nach abgeschlossenen Tempelbezirke für die breiten Massen geradezu unverständlich wurden. In der volkstümlichen Religiosität überwucherte fast schon die Anwendung magischer Mittel zur Abwehr der zahllosen, den Menschen feindlich gesinnten irdischen und überirdisch gedachten Gefahren. Gleichzeitig fällt der auf dem alten Glauben fussende, und in vielfach verstärkter Form erscheinende Tierkult in die Augen, der auch von den klassischen Auktoren geschildert wurde.

Der Mensch, der nunmehr im Jenseits Beruhigung und Gerechtigkeit sucht, wendet sich von den abstrakten Gottesbegriffen ab, und immer inniger der stets hilfbereiten Isis, dem Kind-Gotte Harpokrates, dem Führer der Toten, Anubis und dem die Auferstehung symbolisierenden König der Unterwelt, Osiris, zu. Der letztere tritt gewöhnlich in der Form des von den Ptolemäern propagierten Serapis auf, hinter dem sich unter gräzisiertem Namen und Darstellung der zum Osiris gewordene Stier Apis, dieser prächtigste Vertreter des Stierkultes, als heilende Gottheit, verbirgt.

Die eingehendere Auseinandersetzung dieser spätägyptischen Religiosität gehört ebensowenig in den Rahmen unserer Betrach-

---

1) E. Otto, *Der Weg des Pharaonenreiches*, Stuttgart 1955, 215.
2) Erste Zusammenfassung: G. Roeder, *Urkunden zur Religion des alten Ägypten*, Jena 1915, XIV-XVIII.

tungen, als die Erörterung des von E. Otto [1]) aufgeworfenen wichtigen Problems, wie weit die ägyptischen religiösen Begriffe der griechisch-römischen Periode, angesichts des scharfen Unterschiedes der Betrachtungsweise der klassischen Welt, und des alten Orients, als ursprünglich-ägyptisch betrachtet werden können.

Sind schon zwischen den religiösen Formen des Alten und des Mittleren Reiches Verschiedenheiten aufzuweisen, so besteht die Möglichkeit solcher Verschiedenheiten noch viel mehr für die ägyptischen Kulte, innerhalb und ausserhalb Ägyptens. Die Verbreitung in Italien der orientalischen, besonders der den Gegenstand unseres Aufsatzes bildenden ägyptischen Kulte, stiess bekanntlich, ungeachtet des stürmischen Aufschwungs, vorerst auf bedeutende Hindernisse. Das in Rom zu mehreren Malen erlassene Kultverbot [2]) stellt vor allem zwei Tatsachen ins Licht: zum ersten die Bedenken und die Antipathie der offiziellen Kreise gegen die neuen Kulte, zum zweiten die binnen kurzem gewonnene Einsicht, dass der Kult mit amtlicher Gewalt nicht zurückzudrängen sei. Dieser letztere Umstand deutet darauf hin, dass man es mit einem starken Faktor von sozialer Bedeutung zu tun hatte, da die schnelle Verbreitung der ägyptischen und anderer orientalischer Kulte sich aus blossen äusseren Umständen, wie die Propaganda der herrschenden Kreise, der Ptolemäer, der Sacheifer der Kaufleute, oder gar die augenfälligen farbigen Zeremonien selbst, nicht erklären liesse.

Die schnelle Verbreitung der orientalischen Kulte unter den niederen Volksschichten erschien den herrschenden Kreisen mit vollem Recht gefährlich: die soziale Bedeutung der ägyptischen

---

1) E. Otto, *o.c.*, 251, 252.
2) In der diesbezüglichen reichen Literatur noch immer grundlegend: Fr. Cumont, *Les Religions orientales dans le paganisme romain*, Paris 1929[4]; weiter H. Lafaye, *Histoire du culte des divinités d'Alexandrie*, Paris 1884; H. Gressmann, *Die orientalischen Religionen im hellenistisch-römischen Zeitalter*, Berlin 1930; Fr. Zimmerman, *Die ägyptische Religion nach der Darstellung der Kirchenschriftsteller und die ägyptischen Denkmäler*, Paderborn 1912. Die eingehendste Untersuchung der Gottesbegriffe vom Standpunkt der griechischen Weltanschauung mit einer vollkommenen Zusammenfassung der Literatur: G. Vandebeek, *De interpretatio Graeca van de Isisfiguur*, Louvain 1946.

Kulte musste aus vielen Gründen auffallend wirken [1]). Die Verbreitung dieser Kulte war jedoch eben deshalb nicht zu hemmen, weil diese mit den griechisch-römischen Gottheiten identifizierten ägyptischen Götter, in allem hilfsbereit, nicht nur hienieden sondern auch im Jenseits als Bewahrer von Versprechungen galten, wie sie nur mystische Religionen dieser Art bieten können. Das Versprechen des ewigen Lebens brachte dem verbitterten, von Alltagssorgen geplagten Menschen, und allen mit den sozialen Gegensätzen kämpfenden Schichten eine ganz neue Weltanschauung, die es im Gegensatz zu den nüchternen, verschlossenen römischen Kulten in eine bezaubernd-gewinnende Form zu kleiden verstand, wie sie auf Roms klassischem Boden bisher nicht anzutreffen gewesen war. Trotz des Widerstandes und der strengen Urteilssprüche des Römischen Staates wurden die ägyptischen Kulte zu römischen Kulten [2]).

Dass der Kaiserkult zur Stütze der neuen Religionen wurde [3]), veränderte die Verhältnisse noch mehr zugunsten dieser letzteren. In Ägypten, dem Lande der Pharaonen, der Gottkönige, als deren Nachfolger die römischen Kaiser galten, war die Unterstützung der ägyptischen Religion durch eben diese Kaiser, Tradition. Diese Unterstützung tritt auch in Rom an die Stelle der bisherigen Antipathie. In diesen veränderten Verhältnissen erst konnte es auch in den damals unterworfenen Provinzen, also auch in Pannonien, das den Gegenstand unserer Betrachtungen bildet, zur Übernahme und zur Verbreitung der ägyptischen Kulte kommen.

Die Fundorte der in der vorliegenden Arbeit zu behandelnden Kultdenkmäler Ungarns [4]) fallen fast ausschliesslich in das von

1) Über das Erscheinen der sozialen Beziehungen der ägyptischen Kulte in Rom schon im I. Jh. v. u. Z. cf.: A. Alföldi, *Isiskult und Umsturzbewegung im letzten Jahrhundert der römischen Republik* in *Schweizer Münzblätter* 5, 1954, 18, 25 ff.

2) Minucius Felix, *Octavius* (ed. Schoene) 22. .... haec inania Aegyptia quondam nunc et sacra Romana sunt.

3) Die letzte ausgezeichnete Übersicht der Tätigkeit der „Kaiser-Pharaonen" als Pfleger ägyptischer Kulte: L. Leclant, *Reflets de l'Égypte dans la littérature latine d'après quelques publications récentes* in *Bulletin de la Faculté des Lettres de Strasbourg* 1959, 303-307.

4) In der bisherigen Literatur der ägyptischen Kulte Ungarns bezw. Pannoniens war grundlegend das heute schon veraltete Werk von W.

den Römern eroberte Gebiet Pannoniens. Durch das im Barba-
ricum nur ganz ausnahmsweise vorkommende Auftreten ägyptischer
Denkmäler wird die Tatsache nur bestätigt, dass die orientalischen
Kulte, von einigen besonderen Ausnahmefällen abgesehen, in

Drexler, *Der Cultus der ägyptischen Gottheiten in den Donauländern*, Leipzig
1890. Das Werk V. Récsey's, *Pannonia ókori mithologiai emlékeinek vázlata*,
Budapest 1896 besitzt heutzutage eher wissenschaftsgeschichtlichen Wert.
Bahnbrechend, aber heute schon in einiger Hinsicht veraltet ist auch die
Dissertation v. I. Paulovics, *Alexandriai istenségek tiszteletének emlékei a
magyarországi rómaiságban*, Budapest 1915. Ebenfalls in einer Dissertation
gab eine Zusammenfassung der orientalischen Kulte von Pannonien: Gy.
Veidinger, *A keleti vallások emlékei Pannóniában*, Budapest 1930. Im
Zusammenhang mit der Veröffentlichung der Mumienfunde von Aquincum
kurze, aber gute Übersicht von L. Nagy, *Az aquincumi mumia-temetkezések*
(*Dissertationes Pannonicae Ser. I*), 1935. In der Teilstudie: *Vallási élet
Aquincumban* (*Religiöses Leben in Aquincum*) des II. Teiles: *Budapest az
ókorban* (*Budapest im Altertum*) der Publikation *Budapest története*, Budapest 1942, die von A. Alföldi, L. Nagy und Gy. László veröffentlicht wurde,
gibt T. Nagy in einem Kapitel eine Zusammenfassung auch der orientalischen
Kulte, 424-438. Auf das Material von Aquincum gestützt, aber mit Einbeziehung des ganzen zum Kreis von Aquincum gehörigen Denkmalmaterials, gab als Erster A. Dobrovits eine Übersicht des ganzen Materials, und
daneben die Kritik desselben vom sozialen und religionsgeschichtlichen
Standpunkt: *Az egyiptomi kultuszok emlékei Aquincumban* in *Budapest
Régiségei* 13, 1943, 47-75 (English Summary, 494). In Zusammenhang mit
den pannonischen Kulten befasste sich mit dieser Studie eingehend: J.
Leclant in *RÉA* 53, 1951, 384 ff. Die in Maschinenschrift, vervielfältigt
erschienene Dissertation von E. Schweditsch: *Die Umwandlung ägyptischer
Glaubensvorstellungen auf ihrem Weg an die Donau, — ihre Kenntnis in
Rhaetien, Noricum und Pannonien* (Inaug. Diss.) Graz, 1951 sollte, mit
Benützung der Ergebnisse der bisherigen Literatur, das Werk Drexler's
ergänzen. Mit der Kritik dieser Arbeit befassten wir uns in unserem nach-
stehend angeführten Aufsatz. Von den in letzer Zeit veröffentlichten Werken
ist noch hervorzuheben die Studie von M. Pavan, die sich auf Oberpannonien
bezieht, und auch mit dem Problem der orientalischen Kulte befasst: *La
provincia romana della Pannonia Superior* in *Atti della Accademia Nazionale
dei Lincei*, CCCLII (*Memorie. Classe di Scienze morali, storiche e filologiche
Ser. VIII. Vol. VI. Fasc. 5*) 1955. Für die ägyptischen Kulte *cf.* besonders:
562 ff. Die Probleme der ägyptischen Kulte Oberpannoniens ebenfalls in
Übersicht von W. Wessetzky: *A felsőpannóniai Isis-Kultusz problémái* in
AÉrt. 86, 1959, 20-31, und *Die Probleme des Isis-Kultes in Ober-Pannonien*
in *Acta Archaeologica Academiae Scientiarum Hungaricae* 11, 1959, 265-282.
Eine datenmässige Übersicht der ägyptischen Kultdenkmäler Pannoniens
mit einigen Ergänzungen soll durch die im Druck befindliche Arbeit von
L. Lakatos: *Adalékok az egyiptomi kultuszok pannóniai elterjedésének kérdéséhez*
— geliefert werden in *Acta Universitatis Szegediensis*.

ihrer Gesamtheit zur Zeit der Romanisierung dieser Provinz festen Fuss fassten.

Hier gab es keine der Schwierigkeiten, die früher in Rom hindernd gewirkt haben mochten. Im Gegenteil: die Pflege der neuen Kulte sicherte gleichzeitig die Protektion der höheren Kreise. Das Erscheinen im römischen Gewande der in Rom verehrten Götter Ägyptens und des Orients war man schon lange gewöhnt: der Ba'al von Doliche war mit Juppiter vollkommen identisch, Isis-Fortuna und Isis-Panthea zur Beschützerin aller Volksschichten geworden, selbst der uralte, tierköpfige Anubis tritt in Toga und römischem Panzer auf. Die synkretistische Richtung und die *interpretatio romana* begünstigten die Verbreitung der orientalischen Kulte auch auf dem Gebiete Pannoniens.

Bei einer näheren Betrachtung dieser letzteren müssen auch die Umstände in Betracht gezogen werden, die einen Unterschied in den Formen des Eindringens, der Verbreitung und der Anwendung ägyptischer und kleinasiatisch-syrischer Kulte aufweisen.

Die Wertung der Kulte bildet das Grundproblem der im folgenden zu erörternden ägyptischen Kulte. Die Frage ist: ob man in Pannonien von verbreiteten ägyptischen Kulten im ursprünglichen Sinne derselben sprechen kann? [1]) Sind die erhaltenen ägyptischen und ägyptisierenden Denkmäler die Ergebnisse eines kultischen oder kulturellen Einflusses [2]), oder, und wie in vielen Fällen nur Zeugnisse eines aufgegriffenen Modes? [3]).

Dank den jüngsten Ausgrabungen und Entdeckungen, vor allem des Isis-Heiligtumes in Savaria, verfügen wir — anderen Provinzen gegenüber — auf dem untersuchten Gebiete über Kultdenkmäler, die an sich zur Entscheidung des Problems genügen, und die Frage auf die eine beschränken, wie tief die ägyptischen Kulte in die Schichten der Einwohnerschaft eingedrungen waren. Dieses Problem steht in engstem Zusammenhang mit dem Volkstum.

Für die Verbreitung der orientalischen Kulte hat die Forschung bisher gewöhnlich drei Möglichkeiten angenommen: 1) Ver-

[1]) In der zusammenfassenden Literatur schon in diesem Sinne bei Drexler, *o.c.*; ferner: J. Dobiáš, *Orientální vlivy v řimském podunají* in *Sbornik Jaroslavu Bidlovi*, Praha 1928; besonders S. 44.

[2]) Das Problem aufgestellt von J. Leclant in *BIFAO* 55, 1956, 178.

[3]) Paulovics und Schweditsch, *o.c.*

mittlerrolle der Kaufleute, 2) Infiltration orientalischer Sklaven und Freigelassener, 3) Mitwirkung orientalischer Militäreinheiten in der Verbreitung der Kulte [1]). Vor allem soll untersucht werden, ob und bis zu welchem Grade diese dreifache Möglichkeit auch auf die Verbreitung der ägyptischen Kulte angewendet werden kann.

Bevor wir zu einer eingehenderen Untersuchung des verfügbaren Materials übergehen, soll festgestellt werden, dass im ungarischen Gebiet der im Jahre 106 u.Z. in Pannonia Inferior und Superior geteilten Provinz Pannonien [2]), Aquincum und Savaria, die beiden bedeutendsten Städte und Centren des Kaiserkultes, den Schlüsselpunkt der ägyptischen Kulte bilden. Die Untersuchung der Denkmäler von Aquincum und Savaria gibt gleichzeitig die Möglichkeit zu Vergleichen und Schlüssen betreffs des Volkstums, der Verbreitung der Kulte, und der sozialen Lage ihrer Anhänger.

Infolge seiner wirtschaftlichen, und militärischen Stellung genoss Aquincum ein besonderes Ansehen [3]). Als bestgelegener Übergang an der Donau, am Treffpunkt zwischen Orient und Okzident, nahm es eine Schlüsselposition ein, und war auch der geeignetste Ort für die Verteidigung der Provinz. Dank seiner Lage war seine Bedeutung eine doppelte: seit dem Jahre 124 municipium, seit dem Jahre 174 colonia, war es militärisch, sowohl wie zivil betrachtet, sehr wichtig. An kultischen und kulturellen Einrichtungen reich, lag seine Bedeutung in erster Reihe doch in seiner Eigenschaft als eine der wichtigsten Militärkolonien. Seit dem Jahre 106 u.Z. liegt hier die *legio II. adi.*, die auch in auswärtigen, orientalischen Kriegen beschäftigt wurde [4]).

Diese sozialen Merkmale spiegeln sich auch im religiösen Leben der Stadt wieder [5]). Bei der Untersuchung der orientalischen Kulte muss aber neben dem militärischen Charakter der Stadt auch die Vermittlerrolle der Kaufleute in Betracht gezogen werden. Angesichts der Raumgewinnung der orientalischen Kauf-

1) J. Dobiáš, *o.c.*, 27.
2) A. Radnóti-L. Barkóczi in *A Ért.* 78, 1951, 78.
3) János Szilágyi, *Aquincum*, Budapest 1956 (Deutsche Ausgabe), 21.
4) Zusammengefasst bei Szilágyi, *o.c.*, 13-14.
5) *Cf.* T. Nagy, *o.c.* A. Brelich, *Aquincum vallásos élete* in *Laurae Aquincenses* I (*Diss. Pann.* II. 10) 1938 und neuestens die unter Druck befindliche Arbeit von Géza Alföldy, *Aquincum vallásos életének története.*

leute steigt die Frage nach der Bedeutung ihrer Tätigkeit für die Verbreitung ägyptischer Kulte auf.

Die Mannigfaltigkeit der mit Aquincum zusammenhängenden Kultdenkmäler zeugt von der grossen Verbreitung des Isiskultus [1]). Eine Prüfung dieser Denkmäler ergibt, dass es sich um ein von Volkstum, sozialer Zugehörigkeit und Beschäftigung unabhängiges Denkmalmaterial handelt. Im allgemeinen ist die Behauptung von T. Nagy [2]) richtig, dass sich die Isisverehrer aus den Kaufleuten, Sklaven und Beamten rekrutierten. Auch die Bemerkung Leclant's [3]) ist berechtigt, mit der er im Hinblick auf die Rolle des Militärs in den ägyptischen Kulten, auf Dobrovits's treffende Anspielung auf das in der Nähe des Amphitheaters der Militärstadt gefundene Thoeris-Amulett hinweist [4]).

Der Frage des Volkstums schliesst sich das Problem der mittelbaren und unmittelbaren Beziehungen mit Afrika, bezw. Alexandrien an. Diese liefern zwar keine direkten Beweise für die ägyptischen Kulte, haben jedoch an deren Verbreitung mitgewirkt. L. Nagy beruft sich [5]) auf den am Aranyhegy von Aquincum gefundenen Grabstein des T. Plotius Pampilus, aus Celeia, eines Soldaten der *legio II. adi.*, der den Tod des Betreffenden in Alexandrien bekundet. Diese Tatsache legt die Vermutung nahe, dass die Soldaten des „Hausregiments" von Aquincum auf ihrem Orientzug bis nach Alexandrien gekommen waren. Der vom Tribunus der *legio IV. Flavia* [6]) zu Ehren des Juppiter Hammon errichtete Altarstein dürfte ebenfalls auf afrikanische Beziehungen deuten. Ein weiterer Beweis hierfür wäre das mit dem widderhörnigen Kopf [7]) des Juppiter Hammon verzierte Säulenkapitäl [8]). Trotzdem

---

1) *Cf.* Dobrovits, *o.c.*

2) T. Nagy, *o.c.*, 425-426.

3) *RÉA* 53, 1951, 384.

4) A. Dobrovits, *o.c.*, 55.

5) L. Nagy, *o.c.*, 24; cf. *ibid.* Taf.

6) CIL III 3463; L. Nagy, *o.c.*, 25; I. Paulovics, *o.c.*, 54; A. Dobrovits, *o.c.*, 50. Die Inschrift, die nach der Meinung der Forscher auf unmittelbare afrikanische Beziehungen hindeutet, ist auch deshalb interessant, weil Juppiter Hammon in Zusammenhang mit der Verehrung von Militärgottheiten (*Laribus militaribus*) erwähnt wird.

7) Hierher gehören auch die Lämpchen mit dem Ammonkopf. Ein schönes Exemplar kennt man z. B. aus der Ortschaft Rum S.Ö. von Szombathely: D. Iványi, *Die pannonischen Lampen* (*Diss. Pann.* II. 2), Budapest 1935, Nr. 1422, Taf. L, 10.

8) L. Nagy, *o.c.* und *Budapest története* I. 2, 664 u. Taf. CIV. 4.

ist es auch hier nicht möglich einen direkten ägyptischen Einfluss vorauszusetzen, da dieser Gottesbegriff vor allem an den Ba'al Hammon erinnert, der über phönizische Vermittlung nach Rom gekommen war [1]).

Ebensowenig kann man bei jenen synkretistischen Götterdarstellungen ohne Namen, von einem unmittelbaren Einfluss ägyptischer Kulte reden, wie sie in Aquincum auf einem Kalksteinvotum bezw. auf einem Grabdenkmal erhalten sind, und ebensogut als Juppiter und Proserpina, wie als Isis und Osiris aufgefasst werden können [2]).

Aus der Reihe der systematisch zu untersuchenden ägyptischen Kultdenkmäler müssen auch solche ausgeschieden werden, deren alexandrinische Beziehungen zwar feststehen, von denen aber nicht erwiesen werden kann, dass sie das Eigentum wenigstens eines Isis-Anhängers gewesen sind. Zu diesen Gegenständen gehört u. a. jene in der Feuerwehrkaserne der Bürgerstadt gefundene kleine Kerberos-Statue, die nach Annahme des Entdeckers L. Nagy als Seitenfigur einer Statue des thronenden Serapis angebracht gewesen war [3]).

Vom Standpunkt der Wertung der ägyptischen Kulte ist eine der problematischsten Funde die grosse Steinplatte mit einer Nillandschaft-Darstellung. Eine eingehende kultische und kunstgeschichtliche Analyse dieses Denkmals gab A. Dobrovits [4]). Der im Museum von Székesfehérvár aufbewahrte Stein wurde im vorigen Jahrhundert, anlässlich der Entdeckung der St. Stephans-Basilika, gefunden. Andere Funde dienten auch als Zeugnis dafür, dass bei dem Bau dieses aus den allerersten Anfängen der Árpádenzeit stammenden Domes, Steine aus Óbuda-Aquincum verwendet worden waren [5]). So mochte auch dieser Quaderstein hierhergekommen sein, dessen Reliefdarstellungen zwar keine direkten Beziehungen zu den ägyptischen Kulten aufweisen, aber doch die Frage aufkommen lassen, wie weit eine Parallele zwischen der

1) Die diesbezügliche Bemerkung von Dobrovits, *o.c.*, 49.
2) L. Nagy, *o.c.*, 26, und *ibid.* Abb. 19, 20. Für Dobrovits' Stellungnahme: cf. *o.c.*, 49.
3) L. Nagy, *o.c.*, 26-27. Gute Aufnahme bei Szilágyi, *Aquincum*, Taf. LI.
4) A. Dobrovits, *o.c.*, 50-53 und *Szépmüvészet*, 1942, 11 ff.
5) L. Nagy, *o.c.*, 28.

ägyptisierenden Mode und der Konsolidation des Isisglaubens festzustellen ist [1]). Im Mittelpunkt der Darstellung stehen stilisierte, dickblättrige Bäume, die jedenfalls orientalische, ägyptische Pflanzen nachahmen sollen. Auf der einen Seite erfasst ein Krokodil ein mit Amphoren beladenes Maultier beim Kopfe, auf der anderen flüchtet sich ein Pygmäer vor einem Krokodil auf den Baum.

Vom Standpunkt unseres hier behandelten Problems scheint die Frage selbst dann nicht mit Gewissheit entschieden werden zu können, wenn man mit Dobrovits [2]) und Leclant [3]) an die Zusammenhänge der Nilszene mit der Totensymbolik denken und verweisen wollte, deren Beweise auch anderwärts, auf Sarkophagendarstellungen zu finden sind. So kann wenigstens die Möglichkeit angenommen werden, dass die Steinplatte von Székesfehérvár ein Teil des Grabmals oder des Sarkophags eines Isisgläubigen gewesen ist [4]).

Unter dem für die ägyptischen Kulte, bezw. deren Verbreitung in Betracht kommenden Denkmalmaterial wurde in der bisherigen Literatur noch eine Gruppe von Funden angeführt, die aber ausschliesslich als ein Beweis alexandrinischen Einflusses aufzufassen ist. Völlig unbegründet ist es von ägyptischen Einflüssen oder auch nur von Beziehungen ihrer Besitzer zu den ägyptischen Kulten zu sprechen bei solchen Gegenständen wie z.B. die Figur des mit einer graziösen Handbewegung eine Tasse anbietenden Negerjungen. Solche Darstellungen sind ausschliesslich Zeugnisse des künstlerischen Einflusses von Alexandrien [5]). Neben diesen originalen Importgegenständen müssen auch jene gleich gewertet werden, die für einen unmittelbaren Einfluss Alexandriens zeugen. Zu diesen gehört u.a. jenes Negerkopffragment, das schon auf Grund seines Materials als lokales Erzeugnis erkannt werden muss [6]).

Im Verhältnis zur Anzahl des vielfältigen von Alexandrien

---

1) *Cf.* A. Dobrovits, *o.c.*, Anm. 65.
2) A. Dobrovits, *o.c.*, 53.
3) J. Leclant in *RA* 36, 1950, 148-149.
4) Für die Hypothese eines Gebrauchs zu diesem Zweck der in die erste Hälfte des II. Jahrhunderts datierten Steinplatte *cf.* A. Dobrovits, *o.c.*, 53.
5) L. Nagy, *o.c.*, 27. Gute Aufnahme bei: Szilágyi, *Aquincum*, Taf. LIII.
6) L. Nagy, *o.c.*, 28 u. *ibid.* Abb. 25.

beeinflussten Materials und — wie J. Szilágyi darauf hinweist —
zur Grösse des Gebietes, ist die Zahl der Personen von erwiesen
orientalischer Abstammung verhältnismässig gering [1]). Im 2.
Jahrhundert finden sich Orientalen am häufigsten unter den
Soldaten der *legio II. adiutrix*, sowie unter den kilikischen und
alexandrinischen Freigelassenen [2]).

Das mit den ägyptischen Kulten in Verbindung zu bringende
Namenmaterial ist fast ausschliesslich römisch. Wie Dobrovits
bemerkt [3]), deuten die Namen Vibia Serapia [4]) (CIL III 3402) aus
Campona, und Arpocras aus Aquincum [5]) auf orientalische Her-
kunft. Arpocras wird wohl ein Mithraspriester gewesen sein [6])
und so beruht das gegenseitige Verhältnis der orientalischen
Kulte zueinander auf einer Vermutung.

Gerade das Problem des Ethnikums stellt uns vor eines der
schwierigsten Probleme, da wir die beiden Mumien von Aquincum[7]),
diese wichtigsten Zeugnisse ägyptischer Kulte von diesem Standpunkt untersuchen wollen. In der Gebirgslandschaft jenseits der
Militär- und der Bürgerstadt wurden römische Villen entdeckt [8]).
Schon im Jahre 1912 sind hier jene zwei aus Kalksteinplatten
zusammengefügten Gräber entdeckt worden, von denen bedauerlicherweise nur die Überreste des einen gerettet werden konnten,
während der Inhalt des zweiten Grabes verloren gegangen ist. Die
Gräber können Ende des 3. oder Anfang des 4. Jahrhunderts angesetzt werden. Im Grab mit den erhaltenen Funden kamen zwei
Kugelflaschen mit langem Hals, eine Glas- und eine Perlenkette, die

---

1) J. Szilágyi, *Aquincum*, 46 (Ungarische Ausg.).
2) A. Mócsy, *Die Bevölkerung von Pannonien bis zu den Markomannenkriegen*, Budapest 1959, 68; 102.
3) Dobrovits, *o.c.*, 48.
4) Nach der freundlichen Mitteilung von L. Barkóczy, bezw. auf Grund
seines im Druck befindlichen Werkes: Der Name Serapius kommt in
Norditalien und Dalmatien vor. Der Name Vibius tritt nach dem Jahre
175 u.Z. besonders in Carnuntum auf und verweist auf Nordafrika und
Südgallien.
5) Nach der freundlichen Mitteilung von L. Barkóczi kommen in Afrika
die Varianten Arpocra und Arphocras vor.
6) CIL 3479. A. Dobrovits, *o.c.*, 48.
7) Genaue Angaben auch über die Topographie des Mumienbegräbnisses
von Aquincum bei L. Nagy, *o.c.*
8) *Ibid.*

Bronzebeschläge eines Kistchens und eine Korkeinlage von Sandalen zum Vorschein. Die Untersuchung ergab, dass es sich um mit Harz impraegniertes Tuch zum Einwickeln einer Mumie handelte. Darüber befand sich noch ein seidener Überzug. Vermutlich war das in sehr schlechtem Zustand erhaltene Leintuch acht bis zehnmal um die Mumie gewickelt.

In vieler Beziehung ähnliche Fundumstände knüpfen sich an den im Jahre 1929 am Táborhegy entdeckten Sarkophag. Dieser war aus sekundär verwendeten profilierten Steinplatten zusammengefügt. Beim Öffnen des Grabes ergab es sich, dass auch dieses einen mumifizierten Leichnam enthielt. Obgleich der Leinwandüberzug sich durch die Einwirkung der Luft in Staub auflöste, konnte doch festgestellt werden, dass die Begräbnisweise mit der in der spätrömischen Periode in Ägypten gebräuchlichen identisch war. Chemische Untersuchungen ergaben, dass der Leichnam in einer salzigen Lösung gebadet worden war, und selbst beim Einwickeln Salz verwendet wurde. Zum 5 bis 16 fachen Einwickeln gebrauchte man Wolle und Baumwolle, mit harzigem Material durchtränkt. Ausser den Funden von Trinkglas, bronzenen und knöchernen Haarnadeln, Perlenschnur aus Knochen, und einem Holzkistchen, das Puder und Schwamm enthielt — kamen in diesem Grabe auch zwei Korkeinlagen von Sandalen, sowie lederne Sandalüberreste ans Licht. Schon der Veröffentlicher L. Nagy [1]), und später A. Dobrovits [2]) machten darauf aufmerksam, dass das Beilegen von Schuhwerk bei vielen nichtägyptischen Begräbnisarten üblich war. Die Beilage von Aquincum erhält eben dadurch eine besondere Bedeutung, dass ihre Länge (18 cm.) jeden Gebrauch ausschliesst. Es handelt sich also um eine rein symbolische Grabbeilage, wie sie im ägyptischen Totenkult häufig auftritt. Die Bedeutung dieser symbolischen Grabbeilage ist nicht ganz geklärt. Ausser dem Brauch, die im alltäglichen Leben benötigten Gegenstände: Kleidungsstücke, Stoffe, usw. mit ins Grab zu legen, wird der symbolische Charakter der Beilage nicht nur aus dem kleinen Masze evident, sondern auch dadurch, dass sich weiter keine anderen Gegenstände mit in diesem Grabe befunden haben. Die

---

1) L. Nagy, o.c., 15.
2) A. Dobrovits, o.c., Anm. 17.

Sandalen konnten ebensogut die Wanderung in den überirdischen Gefilden, wie ein magisches Zeichen bedeuten [1]). Die Mumifizierung und damit die kleinen Sandalen sind ein Beweis für das Weiterleben der ägyptischen religiösen Anschauungen bis in das 4. Jahrhundert in Pannonien.

Im Falle der Mumiengräber von Aquincum ist der christliche Charakter dieser Gräber, angesichts des Fehlens jedes Belegs dieser Art, ausgeschlossen [2]). Dagegen ist die Möglichkeit vorhanden und in der Literatur bereits aufgestellt worden, dass die Mumiengräber von Aquincum Gräber von Ägyptern seien, die nach heimatlichem Brauch beerdigt worden waren [3]). Die Frage könnte durch eine anthropologische Untersuchung entschieden werden, doch sind die Mumien sowohl in Carnuntum als am Szemlöhegy in einem sehr verdorbenen Zustand. Bei der Mumie von Táborhegy war doch eine Untersuchung möglich. Die Resultate derselben hat L. Nagy, der Veröffentlicher der Funde, in seinem Werk bekannt gemacht [4]). Das auf ägyptische Art begrabene Weib gehörte der Konstitution nach, wie damals festgestellt wurde, zum Typus des Homo alpinus, was freilich unserer obigen Vermutung widersprechen würde. Neuere Untersuchungen sprechen aber dafür, dass die Zugehörigkeit der beerdigten Frau zum orientalischen Typus als sicher

1) Auf die letztere Beziehung wurde der Verfasser auch von Ž. Žába aufmerksam gemacht. *Cf.* in diesem Sinne die Bedeutung der ägyptischen Proskynemen, mit denen sich auch die im Druck befindliche Arbeit von L. Castiglione und L. Kákosy befasst.

2) L. Nagy, *o.c.*, 30.

3) Auf Grund der unmittelbar nach der Aufdeckung der Mumien-Ausgrabungen erschienenen Publikation *Erinnerungsblatt an Carnuntum*, Wien 1940, lässt sich bei der in sehr schlechtem Zustande erhaltenen Mumie von Carnuntum an eine solche Hypothese denken. E. Polaschek schreibt hier zusammenfassend (p. 15): ,,Als Folge dieser Völkermischung stellte sich natürlich ebenso wie im Lager eine solche der Religionen ein, so neben der Mithra diejenige der ägyptischen Göttin Isis, mit deren Kult auch das Mumiengrab zusammenhängt, das man im Jahre 1939 am südlichen Stadtrand (Johannisbreite) aufgedeckt hat''. Bei den Mumien von Aquincum war auch T. Nagy der Ansicht, ägyptisches Volkstum und Religion in Zusammenhang bringen zu dürfen: *Budapest története* (I. 2), 437 und auch J. Szilágyi setzt dasselbe voraus in *Aquincum*, 111. Im Falle von Carnuntum und Aquincum denkt auch M. Pavan an Personen ägyptischer Abstammung: *La provincia della Pannonia Superior*, Roma 1955, 540.

4) L. Nagy, *o.c.*, 8-9.

angenommen werden kann[1]). Die Verbindung ägyptischen Volkstums mit ägyptischen Kulten wird also in Aquincum, ja sogar in Pannonien nur mit diesem seltenen Mumienfund belegt, obgleich anzunehmen ist, dass auch Mumienbegräbnisse in viel grösserer Anzahl üblich waren, als man aus diesen drei Fällen schliessen könnte.

Noch ein wichtiger Gegenstand soll besprochen werden, bevor wir zur Besprechung des für die Existenz der ägyptischen Kulte ausschlaggebenden Denkmalmaterials übergehen. Es ist dies ein 31 × 23 cm grosses Fragment einer ägyptischen Steintafel, einer Mastaba vom Ende des Alten Reiches [2]) (frontispiz). Die sorgfältig ausgeführten Hieroglyphzeichen beziehen sich in einigen Worten auf den Verstorbenen *šsp* ,,annehmen'' und das öfters wiederkehrende Wort *jm3ḫ*, die Bezeichnung des ,,ehrwürdigen Verstorbenen''. Die Fundumstände sprechen, unseres Erachtens, nicht unbedingt für die Hypothese A. Dobrovits's [3]), nach welcher der Stein einst ein Heiligtum geschmückt hätte. In Kenntnis der zur Verfügung stehenden Tatsachen kann aber dieser echt ägyptische Gegenstand von dem Beweismaterial der ägyptischen Kulte in Aquincum nicht ausgeschlossen werden. Nach den damaligen Aufzeichnungen des Inventars des Ungarischen Nationalmuseums[4]) wurde das Steinfragment im Jahre 1852 ins Ungarische Nationalmuseum eingeliefert, nachdem er in Óbuda beim Bau eines Hauses ans Tageslicht gefördert worden war. Dieser Umstand schliesst mit vollkommener Sicherheit aus, dass das Fragment noch im 19. Jahrhundert nach Ungarn gelangt war. Andererseits scheint auch die Annahme nicht berechtigt, dass es noch vor der ägyptischen Expedition Napoleons von einem Kuriositäten sammelnden Bürger aus Buda von Ägypten hierher transportiert, und erst hier in die Erde gekommen wäre. Viel wahrscheinlicher ist es in der Römerzeit nach Aquincum gebracht worden. Man hat dort bisher

1) Liebenswürdige Mitteilung von J. Nemeskéri über die von ihm gemachten Feststellungen. Für diese sei ihm hier gedankt.

2) Heute im Besitze des Budapester Kunsthistorischen Museums. *Cf.* E. Mahler in *Budapest Régiségei* 7, 1900, 170 ff.; Z. Oroszlán-A. Dobrovits, *Az egyiptomi gyüjtemény*, Budapest 1939, 49 ff.; A. Dobrovits, *o.c.*, 48; L. Nagy, *o.c.*, 27, *Ibid.* Abb. 24.

3) Dobrovits, *o.c.*, 48.

4) Nr. 67. 1852. ,,Gefunden in Altofen beim Bau des Hauses unter Percz u. 206''.

wohl keine Spur eines Isisheiligtums entdeckt, es ist aber leicht zu
denken, dass der mit sehr schön gezeichneten Hieroglyphen ge-
schmückte Stein, eventuell in seinem jetzigen fragmentarischen
Zustande, sich im Besitz eines Isisanhängers, vielleicht auch eines
Isispriesters, befunden hatte. Für die letztere Vermutung findet
man ohne Zweifel Analogien [1]).

A. Dobrovits [2]) verwies auch auf die Bedeutung einer unbedeu-
tend erscheinenden Denkmalmaterialgruppe. Unter den terra-
sigillata Schüsseln der Töpferwerkstatt von Aquincum findet sich
auch die Gestalt der Isis und des eselsköpfigen Seth mit dem
Palmzweig in der Hand. Wie Dobrovits meint [3]), handelt es sich
hier nicht um einfache Verzierungen, sondern um ein konsequent
gewähltes Thema, was schon durch das gemeinsame Erscheinen
der beiden Göttergestalten auf den Schüsseln belegt wird. Da diese
Muster anderswo nicht zu finden sind, spricht Dobrovits [4]) mit
Recht von lokaler Nachfrage. Er weist auch darauf hin, dass auf
Grund der Darstellung, auch der lokale Kult des auf den Zauber-
papyri der späteren Perioden für magisch mächtig gehaltenen Seth
wahrscheinlich ist.

Angesichts der Vielseitigkeit des bisher behandelten Denkmalmaterials dürfte man mit Recht eine grössere Anzahl echt
ägyptischer Gegenstände in Aquincum vermuten. Die relative
Armut des unter glaubwürdigen Umständen gefundenen Denkmalmaterials scheint dieser Annahme zwar nicht günstig zu sein, doch
muss in Betracht gezogen werden, dass die dortigen Ausgrabungen
noch immer solches zu Tage fördern können und auch fördern,
sowie, dass ein bedeutender Teil der von uns jetzt nicht zu behandelnden, nicht erwiesen lokalen Funde aller Wahrscheinlichkeit

---

1) Die Pflege der bis in die spätesten konstantinischen Zeiten erhaltenen
ägyptischen Kulte in den Kapellen von Privathäusern wurde durch eine
Horus-Tafel, die in einem Hause am Esquilinus ans Tageslicht kam, be-
kräftigt. Fr. v. Bissing, *Egyptian Religion* II, 1934, 140 ff.
2) A. Dobrovits, *o.c.*, 54. Ausführliche Bearbeitung der Töpferei von
Aquincum: B. Kuzsinszky, *A gázgyári római fazekastelep Aquincumban* in
Bud. Rég. XI, 1932. Die in Frage stehenden Abbildungen treten als Frauen-
kopf und Eselskopf auf: *Ibid.*, 94-95; *Cf.* Abb. 101, Bild. 2. u. 8.
3) A. Dobrovits, *l.c.*
4) A. Dobrovits, *o.c.*, 55.

nach ebenfalls das Denkmalmaterial dieser Kulte bereichern würde [1]).

Von den lokalen Funden können zwei Uschebti der saitischen Periode hervorgehoben werden. Der eine wurde beim Wirtshaus Szép Juhászné (Zur schönen Schäferin) am Gellérthegy, zusammen mit einer römischen Bronzefibula, der andere auf der Hajógyári Sziget (Werfts-Insel) in Óbuda gefunden [2]). Die Rolle der Uschebtis in den ausserägyptischen Kulten ist nicht vollkommen geklärt. Möglicherweise figurierten sie, wohl im Einklang mit ihrer ursprünglichen Bestimmung, als Grabbeilage, doch ist in Ungarn bisher kein Uschebti als beglaubigter Grabfund der Römerzeit gefunden worden.

Es ist bereits kurz eines Thoeris-Amuletts Erwähnung geschehen, dessen Bedeutung darin liegt, dass es in der Nähe der Militärstadt entdeckt wurde, und demnach wenigstens der Wahrscheinlichkeit nach mit dem Militär in Aquincum in Verbindung gebracht werden kann [3]).

Während der in den letzten Jahren unternommenen Ausgrabungen brachten diejenigen von Aquincum ein kleines, aber wichtiges Denkmal ans Licht (Abb. 1) [4]). In den Feldern westlich der Lokalbahn wurde unter den während der Fundamentlegung eines Hauses entdeckten römischen Steinbauten, bezw. deren Trümmern auch ein 1,9 cm grosses Köpfchen von hellblauer Fayence ans Licht gefördert [5]). Das kleine Amulett, das schon durch seine Farbe die

---

1) Nicht nachweisbar, aber wahrscheinlich kann eine Osiris-Statuette und eine Ichneumon-Statuette als Fund von Aquincum gelten. Cf. A. Dobrovits, o.c., 56-57. Bedauerlicherweise sehen wir keine Beweise für die Wertung als Lokalfund der aus Intercisa stammend gedachten zur einstigen Sammlung Schmidt gehörigen Gegenstände, deren Originalität in einigen Fällen zweifelhaft erscheint, Cf. A. Dobrovits, o.c., 61-66, ferner Kl. Parlasca in Kölner Jahrbuch 1, 1955, 21 u. bes. Anm. 45.

2) Dobrovits, o.c., 57-58 u. Abb. 6, 7.

3) Cf. S. 7 Anm. 3. u. 4.

4) Im Museum zu Aquincum.

5) Der erste kurze Bericht über die Ausgrabungen zur Rettung der Funde: AÉrt. 84, 1957, 85. Das erste Referat über den Fund hielt die Entdeckerin Melinda Kaba in der Sitzung der Archäologischen Gesellschaft vom 21. Januar 1958. Der Fund kam aus dem Material in einer Zuschüttung aus der Traianszeit unter einem römischen Hause zum Vorschein. Für die Angaben und die Photographie sei dr. Melinda Kaba hier gedankt.

charakteristisch-ägyptische Fayencetechnik der römischen Kaiserzeit aufweist, ist von körniger Ausführung, die Rückseite platt und
glatt, und selbst in fragmentarischem Zustande verrät es sich als
eine Darstellung des Harpokrates. Der Anhänger am Kopfe wird
von drei — zum Teil mit abgewetztem Schmelzüberzug bedeckten
— stilisierten Lotosknospen [1]) gebildet. An der rechten Schläfe
erscheint, ebenfalls sehr vereinfacht, zum Halbkreis stilisiert, die
charakteristische Jugendlocke. Die letzteren Symbole, sowohl als
das kindlich-runde Gesicht sprechen für die obige Feststellung.
Diese wäre auch dadurch bestärkt, dass auf der fragmentarischen
Locke, neben dem Gesicht, zwar nicht deutlich erkennbar, auch
die Zeichnung der drei Finger einer Handfläche zu vermuten ist.
In diesem Falle hätte das kleine Amulett also die Darstellung
nicht des mit dem Finger auf den Mund deutenden, sondern des
die Rechte mit der Handfläche nach oben haltenden Harpokrates
festgehalten [2]).

Dieses Denkmal ergänzt auf eine charakteristische Weise die
entschieden vielseitigen Kultdenkmäler von Aquincum. Der
ägyptische Kind-Gott wurde, sich der primären Schützerrolle
seiner Mutter anschliessend, zu einem der bedeutendsten Götter
der spätägyptischen und in der Folge der Ptolemäer- und der
Kaiserzeit. Innerhalb und ausserhalb Ägyptens wird sein Kult
durch zahlreiche und vielartige Darstellungen bekundet. Die
Beschützerrolle des Horus verflocht sich mit der Gestalt des
Kindgottes Harpokrates. Die vielfältigen Göttersymbole der
Kaiserzeit — bei Harpokrates die erwähnte Lotosknospe —
werden kaum ein bewusstes Erfassen der ursprünglichen ägyptischen Symbole gewesen sein, doch vererbten sie sich traditionell

1) *Cf.* W. Weber, *Die ägyptisch-griechischen Terrakotten, Textband*, Berlin
1914, 62-63. Infolge der kleinen Ausmasse bezw. der ziemlich rauhen
Bearbeitung des Kopffragmentes unterscheiden sich die drei als Anhänger
gebrauchten Lotosknospen der Form nach nicht voneinander; die mittlere
erscheint statt der ägyptischen Krone, mit völliger Vereinfachung derselben.
Die Darstellung der ägyptischen Doppelkrone zwischen zwei Lotosknospen,
auf einer Harpokrates-Terrakotta mit erhobener Rechten, z.B. bei: P.
Perdrizet, *Les terres cuites grecques d'Égypte*, II, Pl. XXX.

2) Für die Geste der erhobenen Hand s. Weber, *o.c.*, 59. Auf die Art der
Darstellung lenkte L. Castiglione meine Aufmerksamkeit. Hier sei ihm für
die mehrfache Hilfe bei vorliegender Arbeit gedankt.

auch auf spätere Zeiten. In seinem Zusammenhang mit dem Urwasser, der Entstehung im allgemeinen, der Schöpfung, dem Anfang [1]), dem schöpferischen Sein wird er auch zum Symbol des Nofertum, des anderen Jugendgottes. Derselbe mythische Zusammenhang verknüpft das Lotossymbol mit dem Licht und der Sonne. Diese bekannten Attribute vereinigen sich zu jener Darstellung, die das Kind Horus auf einer Lotosblume sitzend zeigt. Im gegenwärtigen Falle, wenn man es mit dem Typus des seine Rechte erhebenden Harpokrates zu tun hat, ist diese Geste — nach Webers [2]) Terrakottenbeispielen — als die des Grusses — (und ebenfals nach demselben — des Segens) aufzufassen. Ein solches Amulett des hilfreichen Horuskindes war in Pannonien bisher nicht bekannt, wodurch die Bedeutung des kleinen Fragments von Aquincum noch erhöht wird.

Nicht im Gebiet von Aquincum, bezw. in dessen Umkreis innerhalb des Limes, kam wiederum jener kleine vergoldete Isiskopf ans Licht, der in der Literatur schon längere Zeit als ein Fund aus dem Barbaricum bekannt ist [3]). Dieser in Köbánya, auf der Pester Seite, gefundene Gegenstand verdient unsere Aufmerksamkeit nicht nur als eines der schönsten Denkmäler der ägyptischen Kulte in der Kleinplastik der Kaiserzeit. Dieser Fund weist auf den bisher nicht gewürdigten Umstand hin, dass längs der Handelsstrassen, an einigen Orten des Linksufers der Donau, — wahrscheinlich im Vertrauen auf die Unantastbarkeit der Kaufleute, und noch mehr auf die Verteidigung durch die Römer, der Brückenkopfstellungen des Linksufers [4]) — wahrscheinlich mit provisorischen Niederlassungen von römischen Kaufleuten gerechnet werden kann, unter denen es wohl auch Anhänger der orientalischen Kulte gegeben haben mag.

---

1) W. Weber, o.c., 62, wo er auch auf die Zusammenhänge mit dem Neujahrsgedanken verweist.
2) W. Weber, o.c., 59.
3) L. Nagy, o.c., 27, und *ibid.* Abb. 22. Der Fund ist auf der Pester Seite, ausserhalb des Limes, doch in römischer Kulturschicht, entdeckt worden, weshalb seine Einbeziehung in den Kulturkreis von Aquincum gerechtfertigt ist. Mit Recht verweist denn auch Dobrovits auf diesen Umstand, o.c., 48, Köbánya ist eine der Pester Bezirke von Budapest.
4) J. Szilágyi, *Aquincum*, 24.

Im Zusammenhang mit Aquincum sei hier noch einer fraglichen Gruppe von Denkmälern gedacht. Der Katalog des Ungarischen Nationalmuseums [1]) aus dem Jahre 1825 verzeichnet vier, seitdem verschwundene Anubis-Statuetten. Auf dem Gebiete des von Kriegsverheerungen heimgesuchten Ungarn ist wenig Hoffnung zum Wiederfinden dieser Gegenstände. Ohne nähere Untersuchung aber ist ein sicheres Urteil unmöglich. Die Cimeliotheca aus dem Jahre 1825 enthält ohne Zweifel die Beschreibungen vieler Fälschungen, trotzdem dürfte die auf Grund des Katalogs gefasste Meinung St. Paulovics's, dass die Gegenstände Fälschungen einer und derselben Hand wären, nicht als zweifellos erwiesen gelten [2]). Die Worte des Katalogs „. . . . . . . *singula ex una eademque fabrica in apricum prolata sint"* lassen nur darauf schliessen, dass die Statuetten nach der Meinung des Schreibers des Katalogs aus derselben Werkstatt stammten, also von ganz ähnlicher Ausführung waren. Die angegebene Höhe von 6 Finger weist darauf hin, dass es sich im gegenwärtigen Falle um keine Amuletten, sondern um „hundsköpfige" (*capite canem*) Götterstatuetten handelte. Es ist — wie erwähnt — nicht ausgeschlossen, dass man es mit Fälschungen zu tun hat, aber die in der Beschreibung erwähnten Fundumstände müssen doch berücksichtigt werden. Danach stammt die eine Statuette aus Mitrovica an der Save, im heutigen Jugoslavien, die andere aus Promontor (dem bei Budapest liegenden Teil der Insel Csepel), die dritte aus den Feldern von Óbuda, dass heisst Aquincum („*ex agris Vetero Budensibus"*) und die vierte endlich aus den Gärten von Tata („*ex horto Tatensi"*). Als Einliefernde werden glaubwürdige Personen bezeichnet. Die Anubis-Statuette von Csepel wurde von einem Senator der Stadt Buda, die von Óbuda von einem Arzt abgegeben.

Wenn man an der Glaubwürdigkeit dieser Mitteilungen festhält, ergänzen sie auf eine interessante Weise die bisher in Budapest und Umgebung gefundenen Kultdenkmäler. Trotz der grossen Anzahl und der Bedeutung der Anubis-Darstellungen, ist nämlich

---

1) *Cimeliotheca Musei Nationalis Hungarici sive Catalogus historico-criticus Antiquitatum*, Budae 1825, 108.

2) I. Paulovics, *Alexandriai istenségek tiszteletének emlékei a magyarországi rómaiságban*, 46.

noch keine Bronze- oder Fayencestatuette dieses Gottes in dieser Gegend gefunden.

Eine Übersicht der ägyptischen Kultdenkmäler von Aquincum, der Hauptstadt von Pannonia Inferior, berechtigt zur Feststellung, dass trotz des Fehlens monumentalen Denkmalmaterials, ein Teil des Vorhandenen für die Untersuchung der ägyptischen Kulte in den Provinzen von ausserordentlicher Bedeutung ist. Dieser Umstand dient zur Stärkung der Hypothese, dass Aquincum in den 2-4. Jahrhunderten das Zentrum des Isiskultes von Unter-pannonien war.

Die chronologisch bestimmbaren Gegenstände sind hauptsächlich in das 2., eventuell 3. Jahrhundert zu setzen. Damals mochte der bei dem oben erwähnten Gasthofe gefundene Uschebti in die Erde gekommen sein. Aus der Schicht der Traianszeit kam das Harpokratesköpfchen ans Licht [1]). Die Nilszene von Székes-fehérvár ist in das 2. Jahrhundert zu setzen [2]). Die Erzeugnisse der Töpferwerkstatt von Aquincum datieren vom Ende desselben Jahrhunderts [3]). Diese Periode bedeutet die höchste Blüte orien-talischer Kulte in Aquincum. Für das Weiterleben des Isiskultes zeugt das in Köbánya gefundene Isisköpfchen [4]). Das Weiter-bestehen der ägyptischen Begräbnisweise lässt sich — auf Grund der Mumiengräber — bis ans Ende des 3. Jahrhunderts [5]), eventuell auch bis ins 4. Jahrhundert nachweisen, was auch mit dem Erscheinen orientalischen Volkstums in Aquincum in Zusam-menhang gebracht werden kann.

Dieser militärisch und bürgerlich gleichsam bedeutende Sitz wird wohl eine grosse Rolle in der Verbreitung orientalischer Kulte gespielt haben. Es besteht jedoch keine Möglichkeit einer genaueren Scheidung der in der Verbreitung orientalischer Kulte tätigen sozialen Faktoren. Die afrikanischen Beziehungen der Soldaten werden die Begegnung mit dem Isiskulte nur teilweise gefördert haben. Gerade das archäologische Material von Aquincum

1) Freundliche Mitteilung von dr. Melinda Kaba.
2) A. Dobrovits, *Az egyiptomi kultuszok emlékei Aquincumban*, 68.
3) Katalin Kiss, *A Pacatus-féle aquincumi fazekasmühely gyártmányainak időrendje* (*Diss Pann.* II. 10) 194 ff.
4) *Cf.* S. 17 Anm. 3.
5) J. Szilágyi, *Aquincum*, 111.

zeugt dafür, dass das Militär sich in erster Reihe der Mithras-religion anschloss. Auch verfügen wir über keine Inschriften — oder sonstiges Namenmaterial, die auf die Kolonisation, selbst in späteren Zeiten, von Ägyptern bezug hätten. Wenn nun trotz alle-dem mit dem wenigstens zeitweisen Erscheinen orientalischen Elements in Aquincum gerechnet werden muss, so scheint die Annahme doch berechtigt, dass die meisten Anhänger der Isis-Religion und die kräftigsten Stützen des Kultes unter den römischen Beamten und Kaufleuten zu suchen sind, die die oberste Schicht der Einwohnerschaft ausmachten. Diese Hypothese kann verall-gemeinert, bezw. auch ausserhalb von Aquincum angewandt werden, wenn sich nur eine bedeutende Kolonie findet, in der das Vorhandensein der ägyptischen Kulte auf Grund des Denkmal-materials zweifellos erwiesen ist, ohne dass das früher erwähnte militärische, bezw. ägyptisch-orientalische Element je im Leben der Stadt eine bedeutende Rolle gespielt hätte.

Zum Beweis hierfür kann Savaria, dieses Kultzentrum Ober-pannoniens angeführt werden. Die Stadt gliedert sich organisch in den Prozess der Romanisierung ein [1]). Zwischen Italien und dem nördlichen Europa war die Bernsteinstrasse die bedeutendste Route, die selbst noch zu jener Zeit sowohl wirtschaftlich als militärisch von erstklassiger Bedeutung sein musste. Auf der Linie Emona, Celeia, Poetovio, Scarbantia, Carnuntum, Vindobona nimmt Savaria eine Zentralstellung ein. Seine wirtschaftliche Bedeutung wird noch dadurch erhöht, dass sich unter den ersten Kolonisten auch Kaufleute aus Emona befanden, die die von der Lage der Stadt gegebenen Möglichkeiten erkannten. Gleichzeitig mit der Kolonisation der Veteranen der *legio XV. Apollinaris* erhebt Kaiser Claudius die Stadt sofort auf den Rang einer colonia und das neue Städtchen erlebt einen raschen Aufschwung. Trotz der militärischen Bedeutung der aus Savaria ausgehenden sehr wichtigen Routen, ist Savaria auffallenderweise die bürgerlichste Stadt Pannoniens [2]), ohne irgendwelchen militärischen Charakter. Diese Stadt wurde bezeichnenderweise auf kein Oppidum der

---

1) Die neueste Übersicht der Vergangenheit von Savaria: Z. Kádár-L. Balla, *Savaria*, Budapest 1958.
2) A. Alföldi in *Századok* 70, 1936, 30.

Ureinwohner angesiedelt und so ist es kaum anzunehmen, dass dieselben im Leben—besonders in dem für unsere Betrachtungen wichtigen kulturellen Leben — der Stadt eine aktive Rolle gespielt hatten. Die Stadt wurde zum kulturellen Mittelpunkt und ihrer Entwicklung der Weg dadurch gewiesen, dass sie zum Zentrum des Kaiserkultes in Oberpannonien erhoben war. Diese Entwicklung bleibt selbst dann ungebrochen, als die Handelsroute an der Donau die Bernsteinstrasse an Bedeutung übertrifft; auch wird Savaria nicht von den grossen Kriegen in der zweiten Hälfte des 2. Jahrhunderts heimgesucht. Die Jahrhundertwende und die darauf folgenden Jahre bringen einen neuen Aufschwung, der mit der Severus-Dynastie verknüpft ist. Septimius Severus, der in Pannonien zum Kaiser proklamiert wurde, vergass die Provinz nicht, hatte er doch ihre Bedeutung vom Standpunkte der geographischen Lage und auch für die Verteidigung des Imperium erkannt. Die afrikanischen Beziehungen des Kaisers, sowie die den kleinasiatischen Kulten günstige Haltung seiner Gattin, die aus einer Familie von syrischen Hohenpriestern stammte, macht sich auch im gesteigerten Erscheinen des orientalischen Elements in Militär und Handel, und wohl auch auf anderen Gebieten bemerkbar. Dieser Umstand einerseits, andererseits aber das Bestreben, die Verehrung für den Kaiser zum Ausdruck zu bringen, brachten eine verstärkte Bevorzugung der orientalischen Kulte mit sich. Ersteres kam vor allem an den Militärstationen mit überwiegend kleinasiatischer, syrischer Besatzung, letzteres in der Provinz im allgemeinen in der Verstärkung der an gegebenen Orten schon früher gepflegten orientalischen, also auch ägyptischen Kulte zur Geltung. Die Wirkung dieser Faktoren wurde durch den Besuch des Kaisers Septimius Severus im Jahre 202 besonders erhöht. A. Alföldi [1]) hat schon auf die grosse Bedeutung dieser Fahrt verwiesen, deren vor allem politischer und militärischer Zweck, sowie die wirtschaftlichen, gesellschaftlichen und religiösen Wirkungen der dazu gemachten Vorbereitungen von J. Fitz [2]) nach neuen Gesichtspunkten und

1) A. Alföldi in *AÉrt.* 1940, 198. Die unmittelbaren Beziehungen des Septimius Severus zu den ägyptischen Kulten werden auch durch sein Portrait mit den Serapis-Zügen bestätigt: L. Castiglione in *Bulletin du Musée National Hongrois des Beaux-Arts*, 12, 1958, 23.
2) J. Fitz in *AÉrt.* 85, 1958, 156 ff.

Prüfung des vorhandenen Denkmalmaterials unternommen worden waren.

Zu gleicher Zeit entstand das Iseum von Savaria [1]), dieses in den ausserägyptischen und ausseritalischen Gebieten einzigartige Denkmal ägyptischer Kulte in den Provinzen. Im Zusammenhang mit diesem Isisheiligtum, das um die Wende des 2. und 3. Jahrhunderts von der Einbettung und Grösse ägyptischer Kulte Zeugnis ablegt, ist man zur Frage berechtigt, ob die Hypothese, Savaria habe als einer der Hauptsitze der Administration und hauptsächlich als Mittelpunkt des Kaiser-Kultes schon vor dem 3. Jahrhundert als Zentrum der ägyptischen Kulte gewirkt, auch durch anderes Denkmalmaterial unterstützt werden könne. Die grossen Dimensionen und die prachtvolle Ausführung des Iseums sprechen unbedingt für die Existenz einer früheren Kultstätte. Ein weiteres Zeugnis hierfür bildet das sich auf den Kaiserkult beziehende skulpturelle Ornament des Heiligtums.

Sind solche Züge auch anderwärts im Denkmalmaterial fest-zustellen, dann kann man auch mit Recht weitere Schlüsse über die Träger derselben ziehen. Die führenden Schichten in den Provinzen bildeten sich aus römischen Beamten, Soldaten und Kaufleuten, denen Roms Ruhm und die göttergleiche Gestalt des Kaisers stets gegenwärtig waren [2]). Der Glanz der in Rom mit grossem Prunk gefeierten ägyptischen Feste strahlte bis in die Provinzen. Die ägyptischen Kulte der Provinzen wiederum ge-wannen dadurch an Bedeutung, dass sie sich mit dem Kaiserkulte verschmolzen.

Auch die vom Kaiser abhängige Priesterschaft der Provinz Aegyptus erblickte ihren höchsten Beschützer im vergötterten Kaiser, und die Verehrung des Pharaonen-Kaisers nahm neben den ursprünglich-ägyptischen Festen einen immer grösseren Platz ein. Im Juppitertempel zu Krokodilopolis kamen auf 6 Monate

---

1) Hier soll das später zu erörternde Problem nur berührt werden. Nach dem erwähnten Werk von Z. Kádár-L. Balla erschien die ausführliche Schilderung des Heiligtumes: T. Szentéleky, *Az szombathelyi Isis-szentély*, Budapest 1960.

2) *Cf.* A. Alföldi in *Budapest története* I, 324.

schon 20 Feste, die den Dienst des Kaiserkultes zum Zweck hatten [1]).

Zu Rom wurden die immer mächtigeren, und seit der zweiten Hälfte des 1. Jahrhunderts die erhöhte Protection der Kaiser geniessenden ägyptischen Kulte [2]) mit immer stärkeren Banden an den Kaiserkult gefesselt. Hier, im Okzident, werden diese zwei, das Privat- und das Staatsleben umfassenden Ideen schliesslich unzertrennlich [3]).

In Rom waren die Mysterienspiele von Anfang an mit elementarer Gewalt eingebrochen, die dem „sich selbst überlassenen Menschen" [4]) gegen die Leiden des „realen Lebens" [5]) den Trost des Jenseits boten. Dort rissen sie zuerst die unteren Schichten mit sich. Angesichts der Fruchtlosigkeit der Verbotsversuche des Staates, erkannten dann die führenden Schichten die fremden Götter schliesslich als ihre eigenen an. Die Verbindung mit dem Kaiserkulte hatte eine gesteigerte Unterstützung dieser Kulte zur Folge.

Das in den Provinzen angesiedelte italische Element: die mit Gütern belehnten Veteranen, die sich immer mehr bereichernden Kaufleute, sowie die aus ihren Reihen hervorgehenden Beamten, ahmen schon Rom in der Pflege der Kulte nach [6]). Die Hauptsitze der Provinzen, so auch unter anderen Savaria, gelten für Ebenbilder Roms im kleinen, und bemühen sich, es ihm in der Lebensform und in den Kulten gleichzutun [7]). Im Kultzentrum Savaria spiegelt sich diese Erscheinung in der Raumgewinnung ägyptischer Kulte wieder. So wie im Sinne des vorhergesagten der Kaiserkult die Verbreitung der neuen ägyptischen Religion, so mochte rückwirkend der Kult der Isis und des Serapis zur Kräfti-

---

1) E. Brauer, *Götter und Kultstätten des Faiums in griechisch-römischer Zeit* (Diss.) Jena 1924, 8.

2) A. Alföldi, *A Festival of Isis at Rome* (Diss. Pann. II. 7), 48.

3) A. Alföldi, *o.c. passim* und A. Dobrovits, *Egyiptom és a hellénizmus*, Budapest 1943, 31.

4) A. Dobrovits, *Egyiptom és a hellenizmus*, 44.

5) A. Alföldi in *Századok* 70, 1936, 148.

6) Für die Verbreitung der Kulte: *cf.* G. Heuten in *Revue d'Histoire des Religions* 104, 1931, 409 ff.

7) Die grossartige Charakteristik einer Provinzstadt als verkleinerten Ebenbildes von Rom: A. Alföldi in *Budapest története* I, 316 ff.

gung des religiösen Kaisergedankens, der als einer der hauptsäch-
lichsten Einheitsfaktoren [1]) der Provinzen betrachtet werden muss,
beigetragen haben.

Es ist auch bedeutungsvoll, dass Savaria kein Militärlager war
und infolgedessen die Vermittlerrolle der orientalischen Soldaten
nicht in Betracht kommt. Es gibt auch keine Kultdenkmäler, die
das Vorhandensein ägyptischen Volkselements bekunden könnten.

Ein grosser Teil des Denkmalmaterials von Savaria wird heute
noch von den bebauten Stadtteilen verborgen, vieles ist wohl auch
im katastrophalen Erdbeben vor tausend Jahren, und infolge der
Kriegsverheerungen zugrundegegangen. Auch die ersten Jahrzehnte des Christentums sind gewiss nicht ohne Folgen für die
Denkmäler geblieben. Das in verhältnissmässig geringer Anzahl
vorhandene, aber bedeutende Denkmalmaterial, das ausser den
Grundmauern des Iseums erhalten blieb, zeugt von der hervorra-
genden Rolle des begüterteren römischen Bürgertums, in dem wir
in erster Reihe die Träger und Beschützer der Kulte erblicken
müssen.

Die ägyptischen Kultdenkmäler zeugen auch dafür, dass es sich
um keine blosse Mode [2]) handelte, sondern wir einer eingewurzelten
Kulterscheinung gegenüberstehen. Der Einfluss Roms machte sich
auch darin geltend, dass die dort gesehenen farbenprächtigen
Erscheinungsformen auch in den Sitzen und Kultzentren der fernen
Provinzen möglichst getreu nachgeahmt wurden.

Die Priesterschaft der Zeremonien der römischen Staatskulte
bildete sich gewiss aus den Reihen der gewählten städtischen
Beamten [3]). Auch in Savaria knüpft sich das den Ruhm der Isis

---

1) *Ibid.*, 324.
2) Die Wertung ägyptischer Kultgegenstände als Modeerscheinungen
z.B. I. Paulovics: *Alexandriai istenségek tiszteletének emlékei*, 50-51. In ihrer
erwähnten Dissertation: *Die Umwandlung ägyptischer Glaubensvorstellungen*,
schliesst E. Schweditsch den ägyptischen Kulten gegenüber auf eine eigen-
artige provinziale Auffassung, die den Inhalt nicht erfasst, die Kultgegenstände eventuell nur als Schmuckgegenstände gewertet hätte und da kein
Heiligtum bekannt war, auf breitere Massen keinen Einfluss geübt hätte.
Das seitdem entdeckte Heiligtum von Savaria ist der stärkste Gegenbeweis
dieser skeptischen Auffassung.
3) A. Alföldi in *Budapest története* I, 277.

verkündende Denkmalmaterial an die Namen von *Pontifices* und *Sacerdotes*.

Das erste bedeutende, der Isis Augusta geweihte Denkmal ist ein 66 cm grosser Marmor-Altarstein[1]), der von einem Mitglied der Familie der Barbii in Savaria gestiftet wurde [2]). Diese weitverzweigte Familie verfügte über Handelsstationen auch in den Städten von Pannonien die an der Bernsteinstrasse lagen, ja bis nach Noricum hinein. Der savariensische Repräsentant dieser aus Aquileia geradezu ausschwärmenden Familie, Ti. Barbius, kann mit Recht als der erste Propagator ägyptischer Kulte betrachtet werden. Laut Pavan könnte der Stifter des Isiskultes von Savaria diesen aus Aquileia eingeführt haben [3]). A. Alföldi datiert den Stein in das 1. Jahrhundert [4]). Jedenfalls ist es bemerkenswert, dass zur Zeit des grossen Aufschwungs des römischen wirtschaftlichen Lebens [5]), um die Mitte der zweiten Hälfte des 1. Jahrhunderts, Ti. Barbius, der Stadtrat, der im Leben der Stadt eine grosse Rolle spielte und nicht nur *duumvir*, sondern sogar *decurio*, *quaestor* und daneben auch *pontifex* war, diesen prächtigen Stein, der Isis zu Ehren errichten liess.

Dem Namen der Stifter nach, Qu. Jul. Moderatus und Iul. Nigellio [6]), deutet auf italische Verbindungen ein anderer, ebenfalls der Isis Augusta geweihter Stein [7]) (Abb. 2 und 3). Paulovics [8]) war der Meinung, aus den Fusspuren auf der Spitze darauf schliessen zu können, dass dort ursprünglich eine Statue angebracht gewesen

1) CIL III 4156. Abgebildet: Kádár-Balla, *Savaria*, S. 10, Abb. 4; Szentléleky, *A szombathelyi Isis-szentély*, 6, Abb. 6.

2) A. Mócsy, *Die Bevölkerung von Pannonien bis zu den Markomannenkriegen*, Budapest 1959, 152. Ebenda die Zusammenfassung der auf die Familie bezüglichen Literatur. Tätigkeit und Bedeutung dieser weitverzweigten Familie wurden neuestens voneinander unabhängig untersucht von E. Swoboda, *Carnuntum*, Graz-Köln 1953, 186-187, und H. G. Pflaum in *RA* (S. 6) XLI, 1953, 72 ff.

3) M. Pavan, *La provincia romana della Pannonia Superior*, 1955, 527, Anm. 2.

4) *Cf.* Diss. Pann. II. fasc. 6, 70., Anm. 16. und *Századok* 70, 1936, 36, wo Alföldi hervorhebt, dass die Barbius-Inschriften fast ohne Ausnahme aus dem I. Jahrhundert stammten.

5) *Cf.* A. Alföldi in *Budapest története* I, 273.

6) Mócsy, *o.c.*, 219, 90/19.

7) CIL III. 10908.

8) I. Paulovics, *Lapidarium Savariense* Szombathely 1943, 42.

war. Auch die fragmentarisch erhaltene Basis verdient unsere
Aufmerksamkeit. Aus der Wortergänzung von Paulovics geht
hervor, dass beide Personen *sacerdotes* waren [1]), und ihre Priester-
würde sich, wie bei Ti. Barbius, in direkten Zusammenhang mit
dem Isiskult bringen lässt. Die Darstellung auf der einen Seite des
Steines hatte schon seit langem die Aufmerksamkeit der Forscher
auf sich gelenkt. Laut Maionica-Schneider [2]), auch von Drexler
zitiert [3]), steht eine undeutliche Gestalt im Mittelpunkt der
Darstellung. Die ersteren berufen sich auch auf Reinisch [4]): „Nach
dem Urteile von Herrn Professor Reinisch ist diese Figur keine
rein ägyptische Bildung, sondern eine barbarische Mischgestalt,
deren Deutung rätselhaft ist". Die in Wirklichkeit undeutliche
Kindergestalt steht auf einem Postamente. Die im Ellbogen eingebogene rechte Hand deutet auf den Mund, also ist man voll-
ständig berechtigt, in ihr eine Abbildung des Harpokrates zu
erblicken. Unter dem Postament, von der Form des ägyptischen
nb Zeichens, erblickt man einen Tierkopf. Drexler und Maionica-
Schneider glaubten, darin einen Rehkopf zu erkennen. Drexler
ging sogar soweit, gezwungene Erklärungen für die gemeinsame
Darstellung von Reh und Antilope, Isis und Sarapis, bezw. deren
Identifizierung zu finden [5]).

Die Gestalt des Horus erkannte auch A. Dobrovits, der dieser
ganzen Szene eine neue Deutung gab [6]). Er glaubt in der Darstellung den das Tier Seth besiegenden Horus zu erkennen. Wenn diese
Auffassung [7]) auch nicht gänzlich zurückzuweisen ist, so erregt es
doch einiges Bedenken, dass Seth durch einen als nicht charakteristisch zu betrachtenden Kopf dargestellt worden sein sollte.
Ferner ist zu bedenken ob die ursprünglich ägyptische Auffassung

1) *Ibid.*; ferner ebenso Mócsy, *l.c.*
2) *AEMÖ* II, 1878, 13.
3) W. Drexler, *Der Cultus der aegyptischen Gottheiten in den Donaulaendern*, 26.
4) *AEMÖ* II, 1878, 13.
5) Drexler, *o.c.*, Anm. 26-27.
6) Freundl. Mitt. von A. Dobrovits.
7) Die zusammenfassende Wertung des „goldenen Horus", beziehungs-
weise des Seth besiegenden Horus bei A. Scharff, *Die Ausbreitung des
Osiriskultes in der Frühzeit und während des Alten Reiches* in *Sitzber. der
Bayer. Akad. der Wiss. Phil.-Hist. Kl.* 1947, H. 4, 27 ff.

in der Kaiserzeit in solcher Form weiterleben konnte, und endlich, dass das Kind Horus auf dem Postamente steht und unter ihm der Tierkopf sich befindet. Eine neuere Untersuchung des Steines und die Besichtigung des vergleichenden Denkmalmaterials dürften auch zu einem anderen Ergebnis führen, wenn man nämlich annehmen wollte, dass der durch seinen sich erweiternden Hals charakterisierte Kopf eigentlich eine Maske mit Hunde-bezw. Schakalkopf darstellt. Dieselbe, dem Gebrauch entsprechende, Form mit erweitertem Halse weist auch die Anubis-Maske des Hildesheimer Museums auf [1]).

Die allein oder auf einem Postamente erscheinende Anubismaske hat einen determinativen Charakter, d.h. sie ist Abzeichen und Symbol zugleich.

Eine der allgemein bekanntesten und charakteristischsten Erscheinungsformen des Isiskultes ist die Prozession, in der der Priester mit der Anubismaske eine der Hauptpersonen ist. Diese Maske kann als Symbol des in den Kult Eingeweihten und im übertragenen Sinne des Kultes selbst betrachtet werden.

Es ist kein Zufall, dass auf dem Kalenderbild, dessen Original ins 4. Jahrhundert zurückgeht, trotz der Umarbeitungen im 9. und 17. Jahrhundert [2]), der kahlgeschorene ägyptische Priester als charakteristische Gestalt des im Zeichen der grossen Isis- und Osirisfeste stehenden Monats November erscheint. In der Hand hält er das Sistrum, während auf dem Postamente die Anubismaske erscheint. Die Augenöffnung am Halse der Maske verrät unmissverständlich, dass es sich um eine Maske, und keine Statue handelt, obgleich die oberflächlichen kleinen Linien auf der umstilisierten Zeichnung darauf deuten, dass der Zeichner den Zweck der Augenöffnung und damit den Charakter der Maske nicht erkannte. In der Beschreibung des Kalenderbildes aus dem Jahre 1620 verweist Peiresc auf eine andere Publikation von Pignorius, doch kommt in seiner Definition „. . . l'ara col cinocefalo o l'altr' idolo egittio" vor [3]).

1) *Führer durch das Pelizaeus-Museum. Zeitschrift des Museums zu Hildesheim* (N. F. 10), Hildesheim 1956, Abb. 12.
2) J. Strzygowski, *Die Kalenderbilder des Chronographen vom Jahre* 354 (*Erg. Heft des JdI*), I, 108.
3) *Ibid.*, 12 u. 79.

Der Denkstein des Moderatus und des Nigellio zu Savaria kann
um ein halbes Jahrhundert früher angesetzt werden, als das
Original des Kalenderbildes; also ist das Vorhandensein einer
Anubismaske zu diesem Zwecke nichts aussergewöhnliches.

Der Eifer, Roms kulturellen und politischen Glanz nachzustreben,
meldet sich notwendigerweise auch in den Provinzen und folglich
auch in Savaria. Hier, im Hauptsitz des Kaiserkultes, wo die
comitia aus Anlass des provinzialen Kaiserfestes tagte, in dieser
Stadt, die die Kaiser mit ihrer Anwesenheit beehrten, war dieses
Streben gewiss noch stärker als anderwärts. Die öffentlichen
Gebäude am Forum wurden zwar in bescheideneren Formen, aber
nach römischer Art aufgeführt, und das Heiligtum der Isis war
selbst in ihren Dimensionen hervorragend. Die aus Italien hierher
übersiedelten Einwohner opferten und belustigten sich nach dem
heimatlichen Brauche. Die *vota publica* [1]), und die Beschenkung
der Einwohnerschaft [2]) gingen nach dem Muster der Reichshaupt-
stadt vor sich. Es ist kaum glaublich, dass, während in Rom die
prächtigen Zeremonien orientalisch-ägyptischer Kulte gefeiert
wurden, Savaria mit seinem monumentalen Iseum keine jener
hinreissend wirkenden Prozessionen gesehen hätte, wie sie der
Isisanhänger Apuleius so anschaulich schildert. Wenn zur Feier
des *Navigium Isidis* [3]) in Rom wie in den Hafenstädten Menschen-
massen zu Ehren der zur obersten Beschützerin der Schiffahrt
gewordenen Isis strömten, wenn nicht nur in Ägypten, sondern
auch in Rom das grosse Auferstehungsfest des Osiris tagelang
gefeiert wurde, kann die Feier des Neujahrsfestes, in dem sich
die ältesten, ununterbrochenen ägyptischen Traditionen am ge-
eignetsten mit dem Kaiserkult verflochten, nur in ähnlicher Weise
vor sich gegangen sein [4]). Vor allem müssen wir hier an die auch
in Ägypten üblichen, prachtvollen Prozessionen denken, aber auch

1) Für die Vota publica-Münzen s.: O. Ulrich-Bansa in *Anthemon,
Scritti* . . . . . . *in onore di Carlo Anti*, Firenze 1955, 185 ff.

2) Für die Serapisdarstellungen der Formen der zu verteilenden Kuchen,
s. A. Alföldi, *Tonmedaillons und runde Kuchenformen aus Pannonien und
Dazien* in *Fol. Arch.* 5, 1945, 68.

3) A. Alföldi in seinem grundlegenden Werk, *A festival of Isis at Rome*
(*Diss. Pann.* II. 7), 42 ff.

4) Für die Feier des Neujahrsfestes s. A. Alföldi in *Budapest története*, I, 324.

an die festlichen Umstände der Erneuerung der *vota*. In seiner grundlegenden Arbeit stellt A. Alföldi die Möglichkeit auf, dass bei diesem Anlass, die Zeremonien des grossen Hafenfestes des Frühlings wiederholt wurden [1]). Jedenfalls ist man berechtigt anzunehmen, dass die Formen der auch in Ägypten gefeierten wichtigsten festlichen Zeremonien [2]), in Rom ebenso, wie in den Provinzen beibehalten wurden. Die mächtigste Offenbarung der Isisreligion der Kaiserzeit war für die Massen ohne Zweifel die Prozession. Anubis, bezw. der seine Maske tragende Stellvertreter erscheint als eine charakteristische Gestalt derselben.

Dieser Umstand führt zu der Vorstellung, die eine Erklärung im Sinne der obengesagten für die zentrale Gestalt, und die ganze Szene des sog. Anubisreliefs (Abb. 4), eines der bedeutendsten Denkmäler von Savaria, geben kann.

Die erste Erwähnung des grossen (L.: 132 cm, H.: 72 cm, Br.: 42 cm) und an den fragmentarischen Rändern schon Spuren von Abgenutztheit zeigenden Reliefs fällt schon in die Mitte des 18. Jahrhunderts [3]). Auch seine wissenschaftliche Veröffentlichung erfolgte noch gegen Ende des 18. Jahrhundert in St. Schoenvisners grundlegender archäologischen Arbeit [4]). Schoenvisner veröffentlichte das im ersten ungarischen Museum — dem Lapidarium des Bischofspalais von Szombathely — ausgestellte Relief und auch eine Zeichnung desselben [5]). Seine die völlige Gewissheit zwar nicht ausdrückenden, aber den Kern grundsätzlich erfassenden

1) A. Alföldi, *A Festival of Isis at Rome*, 50. *Cf.* die Bemerkungen M. P. Nilssons, der eine entgegengesetzte Ansicht vertritt in seiner *Geschichte der griechischen Religion* I, München 1950, 598. *Cf.* ferner: T. A. Brady in *JRS* 28, 1938, 89.

2) Es steht ausser Zweifel, dass die ägyptischen Neujahrsfeste auch zur Kaiserzeit gefeiert wurden. Da fehlte es auch nicht an der Prozession mit dem Schiffe. *Cf.* F. Bilabel, *Die gräco-ägyptischen Feste* in *Neue Heidelberger Jahrbücher*, 1929, 23.

3) Der das Komitat Vas beschreibende Teil des geographischen Werkes von Mathias Bél, *Hungariae Novae Notitia* war nur handschriftlich vorhanden. Neuerdings veröffentlichte Edith B. Thomas und Gyula Prokopp in *Vasi Szemle* 2, 1959, 37 ff. die Beschreibung des archäologisch wichtigen Savaria. Mit der Anubis-Zeichnung auf S. 49 des Werkes, befasst sich Orsolya Pleidel in ihrer in Manuskript vorhandenen Arbeit.

4) *Antiquitatum et historiae Sabariensis ab origine usque ad praesens tempus libri novem*, Pestini 1791.

5) *Ibid.*, 61, Tab. XV.

Worte: „*Lapis quadratus, in quo Anubis, seu Cynocephalus repraesentatur inter duo alia Numina medius, Isidemne, et Serapidem? an Hygieiam et Aesculapium dicam? incertus haereo*", müssen auch heute noch für annehmbar gelten.

I. Paulovics gibt eine allgemeine Würdigung der Darstellung, die er als den symbolischen Ausdruck der Verschmelzung hellenistisch-ägyptischer Religion mit griechisch-römischer Mythologie auffasst [1]). A. Dobrovits glaubt in der Maskendarstellung die Aufführung einer Mysterienszene zu erblicken [2]). Die Oberfläche des Steines ist ziemlich stark beschädigt, einige Details der Darstellung nicht mehr gut zu erkennen. In der Linken der Frauengestalt sieht man eine sich nach unten windende Schlange, die ihren Kopf wahrscheinlich in eine in der Hand der Frau befindliche Schale neigt. Diese Darstellungsweise entspricht der Abbildung der Hygieia, doch kann die Schlange auch ein Symbol der Isis sein. Ist doch auf dem Vatikanischen Relief [3]) Isis, oder ihr Stellvertreter, ebenso mit der Schlange am Arm die Prozession leitend abgebildet. Möglicherweise hat dem Steinmetzen aus der Provinz eine solche Darstellung vorgeschwebt, vielleicht ist sie aber auch einem Musterbuche entlehnt. Wenn die Isisgestalt des Steines von Savaria gleichzeitig auf Isis-Hygieia hindeutet, deren Kult z.B. in Delos stark blühte [4]), kann die Erscheinung der Isis mit der Schlange am Arm auch eine Gestalt aus einer Prozession sein.

Einige bisher unbeachtet gebliebene Details unterstützen diese Ansicht. Bei der Gestalt rechts ist der Hintergrund fühlbar vertieft, was den Anschein erweckt, dass der mit Modius und Szepter dargestellte Serapis gewissermassen daraus hervortritt. Den Schlüssel der Szene muss man ausser in dem oben gesagten, in der mit ausgebreiteten Armen dastehenden Gestalt mit der Anubis-Maske suchen. In der erhobenen Linken einen Palmenzweig, in der Rechten hält er den Caduceus. Diese Symbole werden, nach der

---

1) I. Paulovics, *Lapidarium Savariense*, 42.
2) A. Dobrovits, *Egyiptom és a hellénizmus*, 49.
3) Aus der neuesten Literatur: J. Leipoldt-S. Morenz, *Heilige Schriften*, Leipzig 1953, 96-97 u. Abb. 7.
4) *Cf.* Roscher, *Myth. Lex.*, 2786-2787. Aus der neueren Literatur: J. Leclant-de Meulenaere in *Kemi* 14, 1957, 34 ff.

bekannten Darstellung des Apuleius [1]), von Anubis an der Spitze der Prozession der Götter geschwenkt. Trotz der rauheren Bearbeitung kann auch das Vorhandensein eines an der Brust mit einer vertieften Linie gekennzeichneten und stark abgegrenzten Panzers festgestellt werden, in dem Anubis, als römischer Feldherr in der kaiserzeitlichen Prozession erscheint [2]).

Die Wertung der gesamten Charakterzüge dieser Darstellung lässt die berechtigte Folgerung aufkommen, dass wir es mit der Wiedergabe einer Prozession, eines Aufmarsches, bezw. deren Gestalten zu tun haben. Das grossartige Relief, bezw. dessen Darstellung, die von entscheidender Wichtigkeit ist, führen uns das zentrale Problem der ägyptischen Kulte Pannoniens vor Augen. Vor allem hierauf gestützt glaubte ich, zur Vermutung berechtigt zu sein, dass das grossartige Relief zu einem Heiligtume gehört hat. Dieses Heiligtum stand meiner Meinung nach im Stadtkern von Szombathely, und zwar in der Nähe des Bischofspalastes, der auch von Schoenvisner oft erwähnten arx episcopalis [3]). Die Auffindung des Heiligtums im Jahre 1955 während der Erweiterungsarbeiten eines Magazins ist der bedeutendste Erfolg der letzten Jahre für die Erforschung der ägyptischen Kulte in den Provinzen [4]).

Das Iseum, das heisst jener 50 × 70 m breite Tempelbezirk, der

1) *Metam.*, XI, 8 ff. Auf dem von Schede veröffentlichten Relief in *Angelos* 2, 1926, T. 11, 1 führt Anubis die Prozession an.
2) *Cf.* A. Alföldi: *A Festival of Isis*, 43.
3) Über die Unterbringung des archäologischen Materials von Szombathely im Bischofspalais s.: Paulovics, *Lapidarium Savariense*, 3 ff. Auf das Anubisrelief und das damals bekannte archäologische Material gestützt habe ich meine Ergebnisse betreffs der Lage des Heiligtumes zuerst in Szombathely bekannt gemacht in *Vasmegye*, 9. Januar 1954.
4) Die Ausgrabungen werden von Anbeginn von Tihamér Szentléleky, Direktor des Museums von Szombathely, geleitet. Die Aufdeckungsarbeiten sind seit 1955 im Gange und neben dem bisherigen äusserst interessanten Material kann noch weiteres erwartet werden. Szentléleky's Präliminärbericht über die Ausgrabungen erschien im *AÉrt.* 84, 1957, 78-79. Ausführlicher: *Acta Antiqua* 7,1959, 195-200. Auch eine kurze zusammenfassende Monographie erschien aus seiner Feder: *A szombathelyi Isis-szentély*, Budapest 1960, in der er auch die Rekonstruktion des Heiligtumes unternahm. Im Folgenden berufen wir uns auf diese Arbeiten und Resultate, umsomehr als sowohl die Entdeckungen als die daraus zu ziehenden Folgerungen nicht als definitiv betrachtet werden können.

von der römischen Heerstrasse her von einem mit Pfeilern geglie-
derten Gebäude abgeschlossen wird, war eines der prächtigsten
Gebäude der Stadt, die am Ende des 2. Jahrhunderts einen
kräftigen Aufschwung erlebte. Das Gebäude wurde von einer
Wand vom inneren Hof getrennt, in dessen Mitte das 16.5 × 9.5 m
grosse Heiligtum stand. Von diesem, sowie dem davor stehenden
5 × 5 m grossen Altar sind nur die Fundamente erhalten. Vor dem
Altar befand sich auch ein Porticus, von dessen mächtigen Säulen
die eine in situ gefunden wurde. Auch die Vorhalle des Heiligtums
wurde von vier mit Marmorkapitälen verzierten Säulen geschmückt.
Vom Giebel dieses letzteren wurde der Architravfries mit Reben-
ranken vom Gesimsfries getrennt durch einen Teilfries, der in
mehrere Abteilungen aufgeteilt und mit Darstellungen von Szenen
und Gestalten geschmückt war. Die Marmorblöcke des Giebels sind
anlässlich des gewaltigen Erdbebens im Jahre 455 u. Z. eingestürzt,
und wurden mit Ausnahme des früher entdeckten Anubisreliefs
sämtlich durch die gegenwärtigen Ausgrabungen geborgen.

Von der im mittleren Feld angebrachten Inschrift ist nur das
Fragment SAC erhalten. Zu beiden Seiten davon erscheinen die
einen geschlossenen Themenkreis ergebenden Reliefdarstellungen.
Das in zwei Feldern dargestellte zentrale Thema, das auch den
Charakter des Heiligtums bestimmt, wird durch die Gestalten der
Victoria und der Fortuna getrennt. In dem einen Feld sehen wir
das bereits erwähnte Anubisrelief, das andere zeigt die Figur der
Isis-Sothis (Abb. 5), ein beliebtes Thema der Kaiserzeit [1]). Diese
Figur ist mit kräftigen Zügen charakterisiert. Die in einem durch-
sichtigen Kleid dargestellte Isis-Sothis hält in der Rechten das
Sistrum, mit dem sie die lebensspendende Überschwemmung her-
vorruft [2]). Der Hund, ein Symbol des Sternbildes blickt mit nach

1) Auf Münzen: A. Alföldi, *A Festival*, 22. Auf Terrakotten: Weber, *Die
ägyptisch-griechischen Terrakotten*, II, 51, Nr. 36. Auf Fayence: H. C. Gallois
in *Bulletin van de Vereeniging tot Bevordering der Kennis van de Antieke
Beschaving*, 1928, 11-12.
2) Th. Hopfner, *Fontes Historiae Religionis*, 615, 15: ,,*Isis autem est
genius Aegypti, qui per sistri motum quod gerit in dextra, Nili accessus
recessusque significat: per situlam quam sinistra manu retinet ostendit fluentiam
omnium lacunarum*''. Cf. H. P. Blok in *Acta Orientalia* (Lugduni) 8, 1930,
196. Cf. noch: B. H. Strickers grundlegende Arbeit: *De overstroming van de
Nijl*, Mededelingen en Verhandelingen Ex Oriente Lux, Nr. 11, Leiden 1956.

rückwärts gewandtem Kopfe auf die auf ihm reitende Isis-Sothis [1]). Diese Szene bezweckte die Darstellung, nicht nur der Nilüberschwemmung, die von höchster Bedeutung sowohl für Ägypten als auch der Kaiserstadt Rom war, sondern auch des als die Seele der Isis gedachten und damit identifizierten Sothis-Neujahrssternes [2]). Ebenso zu Rom war das Fest des Jahresanfangs ein bedeutendes Ereignis; als jährliche Offenbarung des Schöpfungsgedankens gehörte es aber geradezu zu den ältesten ägyptischen religiösen Vorstellungen [3]). Ein Heiligtum zu Rom wurde ebenfalls mit diesem Römern und Ägyptern gleicherweise vertrauten Thema geschmückt [4]).

Die Reliefreihe des Gesimses verbindet die Göttergestalten der ägyptischen Religion der Kaiserzeit mit den zum Kaiserkult in direkter Beziehung stehenden und zu dessen Propagierung dienenden römischen Göttern. Diese Verbindung ist jedoch derart, dass die Gestalt der letzteren mehr oder minder ägyptischen Inhalt bekommt. Fortuna, die die Fülle bedeutet, aber ebensogut als Ceres angesehen werden kann, gemahnt an die Isis. Auf der einen Seite des Gesimses erscheint Mars und neben ihm, schon auf der Eckseite, Hercules. Beide sind charakteristische Symbole des Kaiserkultes in der Kunst. Die Gestalt des Hercules gewinnt eine besondere Bedeutung durch den Umstand, dass Kaiser Commodus

1) Auf den Münzendarstellungen ist der vorwärtschauende Sothis-Hund eine Seltenheit. Cf. A. Alföldi, A Festival, Taf. XVI. 17 im Gegenteil zu den unter 1-16 veröffentlichten.

2) Cf. Ch. Autran in Mélanges Maspero I, 1935-1938, 529 ff.; weiter: K. Parlasca in Trierer Zeitschrift 20, 1951, 119. Von der Nilüberschwemmung neuestens: A. Hermann in ZÄS, 85, 1960, 35 ff.

3) Der Neujahrsgedanke ist in Ägypten ein Symbol von zentraler Bedeutung alles Anfangs, aller Erneuerung. Für die mit unserem Gegenstand in Zusammenhang zu bringenden Symbole s.: W. Wessetzky in Acta Archaeologica 11, 1959, 276 u. Anm. 65, 66, 67. Sothis als „Herrin des Neuen Jahres" zusammenfassend bei: H. Bonnet, Reallexikon der ägyptischen Religionsgeschichte, 743. Unter den äusserlichen Accessorien des Neujahrsgedankens, die in Rom wie in Ägypten gleichfalls üblich waren, kann die Gewohnheit der weitverbreiteten Beschenkungen erwähnt werden (in Ägypten kommt unter diesen auch der Neujahrsskarabäus und das Neujahrsfläschchen vor).

4) Dio Cassius LXXIX, 10. Cf. G. Lafaye, Histoire du culte des divinités d'Alexandrie, Paris 1884, 226. Auf Vespasianus-Münze: H. Dressel in Sitzber. Berl. Akad. (Phil.-Hist. Kl.), 1909, 640 ff. u. Taf. IV.

sich schon zu Lebzeiten als Commodus-Hercules verehren liess. Eine Statue des Commodus-Hercules wird wohl auch in Savaria gestanden haben [1]). Hercules wurde gleichzeitig zu Harpokrates in Beziehung gebracht [2]).

Die die Fülle und den Sieg, und damit den Kaiserkult symbolisierenden Reliefs von Savaria verbinden sich demnach mit dem Gedanken des segensreichen Neuen Jahres. Neben diesen monumentalen Darstellungen, welche die Symbolik des Festes in der Gestalt der Sothisreitenden Isis und die äusserlichen Zeremonien in den Prozessionsgestalten — die von der grundlegenden Wichtigkeit des Isiskultes zeugen — wiederspiegeln, muss jedoch auch die Rolle echt-ägyptischer Gegenstände in den lokalen Kulten erörtert werden. Auch solche Kultdenkmäler müssen untersucht werden, die zwar nicht als zweifellos lokale Funde beglaubigt werden können, deren Beziehung zum Heiligtum aber wahrscheinlich ist. Zu diesen gehört unter anderen jenes Bronzelämpchen in Ibisform, das vielleicht im Heiligtum benutzt wurde [3]). Von einem bronzenen Apisstier ist nur soviel bekannt, dass er aus Szombathely ins Ungarische Nationalmuseum eingeliefert wurde [4]). Trotz des Fehlens der Unterschenkel ist der Charakter, den Furtwängler „eine lebendig schöne Bildung" nannte, leicht festzustellen [5]). Als nichtägyptisches Fabrikat war der in den Provinzen sehr verbreitet.

---

1) Kádár-Balla, *Savaria*, 23.

2) Für Horus-Herakles, s.: Perdrizet: *Les terres cuites grecques d'Égypte*, I, 37. Horus mit der Keule: W. Weber, *Die ägyptisch-griechischen Terrakotten*, II, 59-60. Das Problem Herakles-Harpokrates zuletzt von K. Parlasca zum Gegenstand grundlegender Untersuchungen gemacht in seinem anlässlich des XXIV. Orientalistenkongresses verlesenen Vortrag: *Herakles-Harpokrates und „Horus auf den Krokodilen"* in *Akten des XXIV. Orientalistenkongresses*, München 1957. Wiesbaden 1959, 71-74.

Unter den „kriegerischen" Horus-Darstellungen gibt es übrigens auch eine, die sich an der Handbewegung und an der Haltung der Lanze mit dem Mars des Iseums von Savaria vergleichen lässt. z.B.: Erman, *Die ägyptische Religion*[3], Abb. 167.

3) Museum von Szombathely, Inv. nr. 54. 373.2.

4) A. Hekler in *Múzeumi és Könyvtári Értesítő*, 3, 1909, 201; I. Paulovics in *AÉrt*. 41, 1927, 89. Der unter 1926/4 verzeichnete bronzene Stier in der Archäologischen Sektion des Ungarischen Nationalmuseums lässt übrigens die Frage aufkommen, wie weit es berechtigt ist, solche Statuetten ohne augenscheinliche Apis-Attribute mit Apis zu identifizieren.

5) A. Furtwängler in *BJ* 108-109, 1902-240.

Nicht unmittelbar mit dem Isiskulte, eventuell aber mit dem Heiligtum von Savaria ist eine Fundgruppe in Zusammenhang zu bringen, deren vielseitige Problematik hier nicht eingehender erörtert werden soll. Auf Grund der bisherigen Funde ist nämlich in Savaria eine Terrakottafabrik vorauszusetzen, die die Herstellung heilungbewirkender, krankhafte körperliche Gebrechen vorstellender Terrakotta ex voto Statuetten zur Aufgabe hatte [1]. Nach unkontrollierbaren Privatmitteilungen dürften einige solche Terrakottastatuetten, die sich gegenwärtig im Privatbesitz befinden, noch vor der Entdeckung des Heiligtumes auf dessen Gebiet, während gewisser Bauarbeiten, entdeckt worden sein. Die oben, auf dem Anubisrelief supponierte Darstellung der Isis-Hygieia dürfte die Vermutung bestärken, dass das Heiligtum auch als heilbringende Kultstätte galt, obwohl dies zweifellos nicht erwiesen wurde.

Angesichts der verhältnismässig geringen Anzahl der als wirkliche Lokalfunde erkannten Gegenstände, muss der Umstand berücksichtigt werden, dass — abgesehen von den grossen Natur- und Kriegskatastrophen die die Stadt heimgesucht hatten — ein Grossteil des Fundmaterials sich, selbst in unseren Tagen, noch unter den dichtbewohnten Teilen derselben verbirgt. Ferner wurde ja Savaria ein Zentrum des Christentums in Pannonien aus dem gewiss viele Gegenstände verschleppt oder verborgen worden waren.

Eine 9.3 cm hohe Osiris-Statuette (Abb. 6) gehört auch zu den Funden von Savaria. Der spätzeitlichen, ziemlich selten vorkommenden Auffassung gemäss berühren die Herrscherinsignien das Widderhorn der Krone. Unter dem Fuss ist ein Zapfen zur Aufstellung der Statuette angebracht [2].

Ein im archäologischen Material der ägyptischen Kulte in Pannonien einzig dastehender Fund mochte auch in mittelbarer

---

1) Das Material des Museums von Szombathely wurde von N. Fettich in der Beilage zum Jg. 39, 1920-1922 des *AÉrt.* veröffentlicht. Eine neue, die Entstellungen auch vom medizinischen Standpunkt berücksichtigende Bearbeitung wird von dr. Gyula Regöly-Mérey bezw. L. Castiglione und Z. Kádár vorbereitet.

2) Museum von Szombathely, Inv. nr. 54.360.1. *Cf.* G. Roeder, *Ägyptische Bronzefiguren. Staatliche Museen zu Berlin. Mitteilungen aus der Ägyptischen Sammlung,* VI, Berlin 1950, 159, 2337, Taf. 23. d.

Beziehung zum Kultzentrum von Savaria und dem Heiligtum der selbst in christlicher Zeit noch für wunderwirkend gehaltenen Isis stehen [1]). Es handelt sich um eine aus Rohonc (Rechnitz) an der österreichisch-ungarischen Grenze in der Nähe von Szombathely, ins Museum von Szombathely eingelieferte 4,4 cm hohe Bronze-statuette von wenig sorgfältiger Arbeit und in ziemlich abgenütztem Zustand [2]) (Abb. 7). Die schwer zu erkennenden Attribute der Statuette: die Mondsichel auf der Mumiengestalt sowie die Jugend-locke deuten ohne Zweifel auf Chons, der besonders in der Spätzeit als Heilsgott verehrt wurde[3]). Die Bronzestatuette kann demnach auch als ein bewusst gewähltes heilbringendes Amulett in Betracht kommen.

Auch die ebenfalls im Besitz des Museums von Szombathely befindlichen zwei den Sphinxen geweihten Altarsteine mit In-schrift gehören zu den Kultdenkmälern von Savaria [4]). Neben der allgemein verbreiteten griechischen und römischen Grabsymbolik ist in der Kaiserzeit ohne Zweifel auch eine Darstellungsweise der Sphinxe bekannt, die die ägyptischen Insignien aufweist [5]). Die Grabhüterrolle der Sphinxe wurde auch durch Textbelege be-kräftigt [6]). Die Aufnahme der beiden Altarsteine unter die ägypti-schen Kultdenkmäler wird auch durch die Untersuchung des Namenmaterials unterstützt.

Der erste Altarstein trägt den Namen SPHINX METIL/IUS/, die zweite Inschrift lautet: SPINCIBUS AUG/USTIS/ SAC/RUM DOMITIA VICTORINA.

Der Name Domitius ist in Pannonien schon vor dem Jahre 175 u. Z. bekannt, sein häufigeres Auftreten nach diesem Datum wohl auch mit dem Orient und Nordafrika in Zusammenhang zu bringen [7]).

1) Für den selbst in christlicher Zeit weiterlebenden Glauben an die Heilkraft der Isis, s. V. Wessetzky in *Acta Orientalia Acad. Scient. Hung.* I, 1950, 26 ff.
2) Museum von Szombathely, Inv. Nr. 54.261.1.
3) *Cf.* H. Bonnet, *Reallexikon*, bes. 143; u. Erman, *Religion³*, Anm. 330**.
4) I. Paulovics, *Lapidarium Savariense*, 41. Museum von Szombathely, Lapidarium Nr. 131 (H. 29 cm.) u. 55 (H. 35 cm.).
5) R. Noll in *ÖJh.* 42, 1955, 67.
6) E. Komorzynski in *Archiv f. Orientforschung*, 17, 1954-1955, 137.
7) Freundliche Mitteilung von L. Barkóczi.

Unter den Faktoren der Verbreitung ägyptischer Kulte spielt das ursprünglich-orientalische Element eine wenig bedeutende Rolle. In Savaria tritt uns nur der oben erwähnte Name entgegen, der vermutlich eine Isisanhängerin aus Ägypten bezeichnet. Diese Annahme wird aber durch keine weiteren Annahmen unterstützt. Das quellenmässig beglaubigte Erscheinen der Orientalen steht also weniger mit der Isisverehrung als mit den kleinasiatischen Kulten in Zusammenhang.

Auf Grund des bisher gesagten kann man also mit Recht voraussetzen, dass die ägyptische Religion vor allem in den römischen administrativen und Kultzentren auf günstigen Boden traf. Diese Zentren hatten jedenfalls ihr Ausstrahlungsgebiet. In der Umgegend von Aquincum und Savaria kann der Einfluss der Kultgemeinschaft vorausgesetzt werden, der sich umso tiefer und weiter auswirkt, je tiefer er im Leben der Stadt verwurzelt ist. In Savaria bildet das Iseum einen solchen Mittelpunkt. Diese Stadt, die als Kultzentrum galt, musste deshalb auch einen solchen Einfluss auf die Umgegend ausüben. Das Heiligtum, sowie die dort gefeierten Zeremonien, die Prozessionen, oder auch nur die am Kultorte zu sehenden vielerlei Götterstatuetten und Amulette verkündeten den Einwohnern der Stadt, sowie den gelegentlich oder zu bestimmten Festen massenhaft hier eintreffenden Besuchern die Zauberkraft der ägyptischen Götter.

Neben der obenerwähnten Chons-Statuette kann ein in der Ortschaft Rum südwestlich von Szombathely gefundenes Lämpchen mit dem Ammonkopf [1]) als ein Beweis des Einflusses ägyptischer Kulte betrachtet werden.

Von diesem Standpunkt betrachtet, bedeutet Scarbantia [2]), die nächste Station längs der Bernsteinstrasse, nordwestlich von Savaria, das wichtigste Problem. Diese Stadt lag ja zwischen zwei Provinzhauptstädten, dem bürgerlichen Savaria, einerseits, das gleichzeitig die Stadt des Kaiserkultes bezw. dessen ägyptisch gefärbtes Kultzentrum war, und andererseits der Provinzhauptstadt Carnun-

---

1) S. 7 Anm. 7.
2) Das Denkmalmaterial von Scarbantia aus der Römerzeit wird von Emma Sprincz und Klára Póczy zur Publikation vorbereitet.

tum[1]), die eher militärischen Charakter trug und wo demzufolge der Mithrasdienst stärker war. Da Scarbantia eher Handelskolonie war, sollte man auf das Vorhandensein reichlicherer Kultgegenstände rechnen. Das vorhandene Material ist jedoch derart, dass selbst bei eventuellen zukünftigen Entdeckungen seine Bedeutung nicht jene der Kultgegenstände von Aquincum oder Savaria erreichen wird.

Dieser Umstand mag als indirekter Beweis dessen gelten, dass selbst eine auf einer so wichtigen Handelsroute gelegene Stadt ohne die Mitwirkung anderer Faktoren — z.B. des zentral organisierten Kaiserkultes und der breiten administrativen Beamtenschicht eines Provinzsitzes — nicht notwendigerweise zur Stätte ägyptischer Kulte werden muss.

Die Würdigung der ägyptischen Denkmäler von Carnuntum überschreitet den Rahmen der vorliegenden Betrachtungen. Nur auf eine Besonderheit der pannonischen Kulte im allgemeinen sei hier verwiesen, und zwar dass dort, wo die Kolonie gleichzeitig Militärlager ist, der Dienst der kleinasiatischen Götter, bezw. des Mithras, vorherrschend ist.

Als Sitz einer Provinz, aber auch als Lager einer Legion, bewahrt Carnuntum zwar wenig zahlreiche, aber vielfältige Denkmäler der ägyptischen Kulte [2]). Hier finden wir die gleichen Züge wie wir sie in Aquincum beobachtet haben. Das Mumienbegräbnis, dieses bis in unsere Tage einzigartige und gleicherweise auftretende Denkmal ägyptischer Kulte, lässt in beiden Städten auf die Anwesenheit orientalischen Volkstums schliessen.

Unter den Trägern dieser Kulte sind also, hier wie dort nach dieser Übereinstimmung zu urteilen, auch Ägypter anzunehmen.

Im Weichbild von Scarbantia, das an ägyptischen Kultdenkmälern arm genannt werden kann, befindet sich ein Altar von besonderer Wichtigkeit, der in mehr als einer Beziehung zur

---

1) Für die ägyptischen Kultdenkmäler des auf österreichischem Gebiet liegenden Carnuntum vgl. zusammenfassend: E. Swoboda, *Carnuntum*[3], 172ff.

2) Das bisher veröffentlichte Denkmalmaterial von Carnuntum wird auch durch die Gegenstände mit nicht bestimmt festzustellenden Fundorten, sowie die im Privatbesitz befindlichen Gegenstände vermehrt. S. ferner die im Druck befindliche Datensammlung von L. Lakatos, *Beiträge zur Verbreitung der ägyptischen Kulte in Pannonien*.

Ergänzung der für das Vorhandensein ägyptischer Kulte günstigen Faktoren beiträgt. Die Inschrift des der Isis Bubastis geweihten, Altars lautet: ISIDI AUG(USTAE) ET BUBASTI G.P. PHILINUS POMPONI SEVERI LIB(ERTUS) V(OTUM) S(OLVIT) [1]). Unter den *Liberti*, die sich im Dienste der reichen Handelshäuser ein Vermögen erwarben, mag es auch zahlreiche Orientalen gegeben haben [2]). Die Inschrift ist demnach das Denkmal der Isisverehrung eines solchen Freigelassenen. Bis auf die jüngste Zeit war dieser seit mehr als einem Jahrhundert bekannte Altar der Isis-Bubastis das einzige Denkmal ägyptischer Kulte in Scarbantia. Philinus [3]) war Libertus des Pomponius Severus, und seiner Namen nach wahrscheinlich Grieche, Orientale oder auch Ägypter. Diese Hypothese scheint durch einen Namen bekräftigt, der wahrscheinlich auf ägyptische Abstammung hinweist: die Widmung des der Isis-Bubastis gewidmeten Altars in Ostia stammt von einer Diodora Bubastiaca [4]). Der Altar von Scarbantia wurde im Jahre 1862 entdeckt und noch im selben Jahr von Arneth veröffentlicht [5]). In dieser kurzen Veröffentlichung blieben viele interessante Probleme unbesprochen. Der Altarstein ist an drei Seiten ausgearbeitet, er lehnte also wohl an einer Wand. Das Relief auf der einen Seite zeigt eine Tiergestalt (Abb. 8), die eher einer Kuh als einem Stier ähnlich sieht, also eher als eine Isis- oder Hathorkuh, denn als ein Apisstier gedeutet werden kann, obgleich letztere Annahme auch nicht ausgeschlossen ist. Auf der Seite des gewöhnlich mit kräftigem Körper, hier aber mit stark gebeugtem Rücken dargestellten Tieres ist nämlich das Zeichen des Halbmondes zu sehen, das nach den klassischen Autoren auf der rechten Seite des Tieres erscheint [6]). Auch der im Knie eingebogene linke Fuss erinnert an die häufige Haltung der Apisstatuetten [7]). Ohne Zweifel ist aber das Symbol der Mondsichel eine Charakteristik der Isis, ja wie aus anderen Beispielen

---

1) CIL III 4234.
2) *Cf.* A. Mócsy, *Die Bevölkerung von Pannonien bis zu den Markomannenkriegen*, 102.
3) Der Name Philinus tritt in Pannonien nirgends sonst auf.
4) Vgl.: J. Arneth in *Sitzber. der Akad. in Wien* 40, 1862, 334 u. W. Drexler in *Ungarische Revue* 9, 1889, 272.
5) J. Arneth in der obigen Anmerkung *l.c.*
6) Plinius, *Nat. Hist.*, VIII, 184.
7) A. Furtwängler in *BJ* 114-115, 1906, 99.

hervorgeht, kann es auf den Apisstier nur sekundär angewandt
werden [1]). Die Verehrung der göttlichen Isiskuh lebte in Ägypten
bis in die spätesten Zeiten weiter [2]). Die Kuhgestalt erscheint auch
in den kaiserzeitlichen Prozessionsdarstellungen. Nach Apuleius
bedeutet sie das Fruchtbarkeitssymbol der Göttin[3]). Im vorliegenden
Falle, wo es sich um einen Altar der Isis-Bubastis handelt, ist man
berechtigt anzunehmen, dass der provinziale Steinmetz eine Isis-
Hathor-Kuh abbilden wollte. Andererseits kann auch angenommen
werden, dass ihm die häufigen Apisdarstellungen vorschwebten.
Um diese Zeit ist die Person der Isis-Hathor-Bubastis schon zu
einer einzigen Gestalt verschmolzen. Ihre Bedeutung legt es auch
nahe, dass der Freigelassene Philinus, vermutlich ein Ägypter, den
Altar der ägyptischen Isis geweiht hat.

Der zweite Aspekt des Problems betrifft die bereits erwähnte
Aufstellung des Altars. Selbst auf Grund einer neuestens in Sopron
entdeckten Darstellung von einer ägyptischen Gottheit, erscheint
es kaum wahrscheinlich, dass die Isis auch in Scarbantia ein bedeutendes Heiligtum besessen hätte. Der Altar der Isis-Bubastis
war, wie bereits bemerkt, an den drei Seiten bearbeitet, hatte also
vermutlich an der Wand gelehnt, was darauf schliessen lässt, dass
er sich in einem Heiligtum befand. Philinus, seiner Abstammung
nach ohne Zweifel ein Nicht-Pannonier, konnte den Altar übrigens
ebensogut in dem Heiligtum einer anderen Gottheit, ja als
wohlhabender Mann sogar in seinem Privatheiligtum aufgestellt
haben. Diese letztere Annahme scheint mehr Wahrscheinlichkeit
zu besitzen. Eine solche Verehrung einer ägyptischen Gottheit, hier,
wo es kein wichtiges ägyptisches Kultzentrum gab, lässt sich mit
Recht vermuten. Auf Grund eines neuestens anderorts gemachten
Fundes werden wir noch einmal mit dieser Möglichkeit zu rechnen
haben [4]).

Das andere ägyptisierende Denkmal von Scarbantia, auf welches
bereits angespielt wurde, steht im provinzialen Denkmalmaterial

1) A. Furtwängler in *BJ* 107, 1901, 43.
2) Die Erörterungen von W. Spiegelberg im Zusammenhang mit dem
Kult einer Isiskuh: *ZÄS*, 43, 1906, 129 ff.
3) Apuleius, *Metam.*, XI, 8.
4) Der in Balatonszabadi gefundene Altarstein ist nach unserer später
dar zulegenden Meinung auf die gleiche Weise zu deuten.

allein. Edith B. Thomas entdeckte unlängst, während der Untersuchung des römischen Steininschriftenmaterials von Sopron, eine
Darstellung auf der unbearbeiteten Rückseite eines grossen
Silvanus-Altars[1]) (Abb. 9). Zu beiden Seiten des Altars stehen
Silvanus und Diana. Der eingerahmte Text der Inschrift meldet,
dass der Altar von einem Veteran gestiftet worden war, der gewiss
hier in der Umgegend ein Gut besass[2]). Die unbearbeitete Rückseite des Steines zeigt die Umrisse einer rauhen, mit primitiven
Zügen skizzierten Gestalt, die die Entdeckerin als Anubis mit der
Maske erkannte. Die Gestalt mit der Maske hält in der einen Hand
einen oben eingebogenen Stab, der jedoch infolge der Verstärkung
des oberen Endes, kein Szepter und auch keine ägyptische Herrscherinsignie zu sein scheint. Wie auch Edith B. Thomas vermutet,
kann es sich hier um einen stilisierten Palmzweig handeln.
In ihrer kurzen Arbeit verweist die Verfasserin auf das Anubisrelief
von Savaria als nächstliegende Analogie, wobei die Ausführung
jedoch grundsätzlich verschieden ist. E. Thomas nennt die Darstellung eine Skizze und vielleicht ist diese Bezeichnung für die
Technik der Gravierung annähernd die Richtigste. Die unbearbeitete
Steinfläche eignete sich auch nicht für eine Arbeit von der Voll-
kommenheit des Reliefs von Savaria. Neben seiner Skizzenhaftig-
keit auffallend wirkt seine Primitivität, die Disproportion der verschiedenen Teile. Der längliche Kopf, der für die Maske wirklich
charakteristische breite Hals, sind wohl bezeichnend, doch scheint
die Art der Ausführung eher auf den Versuch einer ungeübten
Hand, als das erste Stadium der Arbeit eines Meisters zu deuten.
Ist diese Hypothese richtig, dann kann es sich wohl um den Lehrling
einer der hiesigen Bildhauerwerkstätten handeln, der nicht auf
Anfrage arbeitete, sondern nur die charakteristische Gestalt eines
in seiner Erinnerung aufgetauchten Erlebnisses festzuhalten
suchte.

Die aussergewöhnliche Bedeutung dieser Skizze liegt darin, dass
auf ihr die auf dem Relief zu Savaria dargestellte Gestalt des
Anubis mit der Maske wiederholt zu werden scheint. Von einem
Auftrag kann schon deshalb nicht die Rede sein, weil sich das

1) Edith B. Thomas in *Antik Tanulmányok* 7, 1960, 69 ff.
2) *Ibidem.*

Relief auf der Rückseite des Altars befand. Der Anlass zu diesem Thema kann entweder die Anubisgestalt des Heiligtums von Savaria, oder die maskierte Gestalt eines in der Prozession als Hauptfigur auftretenden Priesters gewesen sein.

Unter die mit Savaria in Verbindung zu bringenden ägyptischen Kultdenkmäler zählen auch die beiden schönsten Denkmäler pannonischer Goldschmiedekunst: Kanne und Pfanne von Egyed. Der mittlere Teil der Kanne wurde im Jahre 1831 auf dem ehemaligen Festetich'schen Gute im Komitat Sopron gefunden. Infolge einer Untersuchung des Terrains fand man später auch die fehlenden Teile und die Pfanne. Unglücklicherweise in unkundige Hände geraten, erlitten die auch mit Scheidewasser gebeizten gold- und silberverzierten Gegenstände ziemlich bedeutende Schäden. Später ins Ungarische Nationalmuseum von Pest eingeliefert, bilden sie gegenwärtig die Schätze des Historischen Museums des Ungarischen Nationalmuseums.

Die herrlich geformte 24 cm grosse Kanne (Abb. 10, 11 und 12), und die dazu gehörige Pfanne (Abb. 13) sind mit figuralen Gold- und Silberintarsien geschmückt. Eine gleiche Kanne sieht man u.a. in der Hand des Priesters auf dem ägyptischen Prozessionsrelief im Vatikan [1]). Ausguss und Fuss sind aus Bronze, der Körper aus Kupfer. Ebenfalls aus Kupfer ist die mit einem Bronzestiel ver- sehene Pfanne. Auf die Schönheit dieser in den ägyptischen Kulten alleinstehenden Hydria und Patera, sowie auf ihre religionsge- schichtliche und archäologische Bedeutung wies M. Jankovich, der Veröffentlicher derselben als Erster hin [2]). Auch Rossellini würdigte sie in lobenden Worten. Er verwies auch auf die ägyptischen Symbole der Darstellungen [3]). In einem an der Wiener Akademie gehaltenen Vortrag zitiert Arneth drei Jahrzehnte später die Worte Jankovich's [4]). Er beruft sich auf Brugsch [5]), der ebenso wie Rossellini in den figuralen Darstellungen den Ausdruck eines bestimmten Themas erkannte. Nach Rossellini ist dieses Thema die Nilüberschwemmung, nach Brugsch die Personifizierung des

1) *Cf.* S. 30 Anm. 3.
2) *A' Magyar Tudós Társaság Évkönyvei*, I, Pest 1833, 354 ff.
3) I. Rossellini, *Vaso egiziano d'argento* in *Ann. Ist.* V, 1833, 179.
4) *Sitzber. Akad. Wien* (*Phil.-Hist. Kl.*) 40, 1862, 337.
5) *Ibid.*, 342.

Jahres in Isis. Brugsch datierte die Kanne von Egyed in die Ptolemäerzeit, während Arneth eher für die Datierung in die Kaiserseit war [1]).

Trotz allem kam es zu keiner Wertung im Rahmen des sich durch neue Funde stetig bereichernden provinzialen Denkmalmaterials der Kaiserzeit. Erst ein halbes Jahrhundert später erschien A. Heklers in mancher Beziehung selbst heute beachtungswürdige und oft zitierte Arbeit über die Kanne und Pfanne von Egyed. Ihr schloss sich Bissing's Studie an [2]). Die Autorität Heklers und Bissings schien eines der wichtigsten Probleme, nämlich die Feststellung der Entstehungszeit der beiden Gegenstände auf lange Zeit entschieden zu haben. Aus stilkritischen Gründen setzten sie die Kanne in die Ptolemäerzeit [3]), wobei sie von Hekler auf Grund ihrer Ornamentik nur vom Standpunkt der griechischen Kunst untersucht worden war. Die nach dieser Auffassung eher als Kunstgegenstände behandelten Hydria und Patera wurden demzufolge gewissermassen aus dem Kreis der Untersuchungen der Materialien zu den ägyptischen Kulten des kaiserzeitlichen Pannoniens ausgeschieden [4]). Die Datierung in die frühere Kaiserzeit statt in die Ptolemäerzeit ist das Ergebnis der neueren Forschungen. Die vom Standpunkt der ägyptischen Kulte Pannoniens grundsätzlich wichtigen Darstellungen der Kanne wurden erst seit neuestem zum Gegenstand von Untersuchungen [5]).

Der obere Teil der Kanne stellt sechzehn ägyptische Kronen

1) *Ibid.*
2) *JdI* 24, 1909, 28 ff. u. 40 ff.
3) Die letzte Arbeit darüber: Ch. Picard in *Studi in onore di Aristide Calde-rini e Roberto Paribeni*, III, Milano 1956, 178.
4) Nur als Schmucksache gewertet von: I. Paulovics, *Alexandriai istenségek tiszteletének emlékei a magyarországi rómaiságban*, 51, und dieselbe Möglichkeit auch vorausgesetzt von E. Schweitsch, *Die Umwandlung ägyptischer Glaubensvorstellungen auf dem Weg an die Donau*, 88.
5) V. Wessetzky, *Die Probleme des Isis-Kultes in Ober-Pannonien* in *Acta Archaeologica* 11, 1959, 265 ff.
Der Fund von Egyed wurde bereits von G. Möller, *Metallkunst der alten Ägypter*, Berlin 1924, Taf. 39; S. 66, an den Anfang der Römerherrschaft gesetzt. Ebenso W. Wolf, *Das ägyptische Kunstgewerbe. Gesch. d. Kunst-gewerbe*, IV, Berlin-Zürich 1930, 134. Die Datierung in die Kaiserzeit wurde aus stilkritischen Gründen von R. Zahn entschieden: *Die Antike*, 5, 1929, 47 ff. In der neueren Literatur: K. Parlasca in *JdI* 70, 1955, 144, Anm. 93.

dar [1]). Unter einem spiralförmigen Zierat erscheint ein rund um den Körper der Kanne laufender Friese acht ägyptische Göttergestalten darstellend. Rossellini, Brugsch und Bissing [2]) erkannten in ihnen die Doppelerscheinungen des Thot und Horus und der Isis. Die Bestimmung der Gestalten des Horus und des in der Kaiserzeit eine ziemlich wichtige Rolle spielenden Thot [3]) unterliegt keinem Zweifel. Auf Grund der zweimal wiederholten Parallele ist in den je zwei Frauengestalten die Isis zu vermuten. Thot hält der Göttin den das Jahr symbolisierenden Zweig hin (auch dem Hieroglyphzeichen *rnp.t* „Jahr" entsprechend). Vor Thot sitzt auf einer stilisierten Pflanze ein Frosch, das Symbol der Entstehung aus der Urmaterie Wasser, sowie auch der Wiedergeburt und, seit der christlichen Zeit, der Auferstehung [4]). Die eine Horusgestalt sticht die mit Apophis identifizierte Schlange mit der Lanze nieder [5]). Das gemeinsame Auftreten der Symbole lässt keinen Zweifel darüber aufkommen, dass diese den ägyptischen Neujahrsgedanken ausdrücken sollen. Neben dem Prozessionsrelief mit der Anubismaske, und der das Neujahr symbolisierenden Isis-Sothisdarstellung führt also die Abbildung auf der Kanne von Egyed wieder den Neujahrsgedanken vor Augen. Auch kann es kein Zufall sein, dass auch die Patera mit einer Nilszene geschmückt ist. In diesem Zusammenhang eignet sich das beliebte ägyptische Thema des 1. Jahrhunderts u.Z. gut als bildhafter Ausdruck des mit Nilüberschwemmung zusammenhängenden Jahresanfangs.

Angesichts der oben erwiesenen Themenzusammenhänge der Darstellungen kann vorausgesetzt werden, dass Hydria und Patera von Egyed zu den Kultgegenständen des ebenfalls den Neujahrsgedanken ausdrückenden Heiligtums von Savaria gehört haben. Problematisch bleibt jedenfalls die verhältnissmässig grosse

1) Schon Rossellini in *Ann. Ist.* V, 1833, 183 verweist auf die kultische Bedeutung der ägyptischen Kronen. Mit diesem Thema befasst sich auch die in Manuskript vorhandene Arbeit von L. Kákosy.

2) *JdI* 24, 1909, 28 ff., bezw. 40 ff. u. Rossellini, *o.c.*

3) *Cf.* L. Kákosy in *AÉrt.* 88, 1961, 89 ff.

4) V. Wessetzky in *Acta Archaeologica* 11, 1959, 274, sowie S. 17 Anm. 1. Aus der neuesten Literatur s. noch: E. Thomas in *JEA* 45, 1959, 42 ff.

5) *Cf.* H. Carter, *Tut-ench-Amun*, III, Leipzig 1934, 74 und Taf. 12. u. 58; ferner: É. Drioton in *Suppl. aux ASAÉ*, 11 (Le Caire) 1948, 127, sowie Taf. 1., auf der Horus mit dem Speer, Thot und Isis dargestellt sind.

Entfernung der beiden Orte, doch kann es zahlreiche Gründe für das Verbergen der ausserordentlich schönen Kultgegenstände gegeben haben. Egyed liegt im Knotenpunkt der Route Arrabona-Savaria [1]) und auch die Fundumstände scheinen das Verbergen der beiden Kultgegenstände in dieser Gegend zu rechtfertigen, wo man sonst auf keine bedeutenden römischen Niederlassungen trifft.

Die Ausstrahlung eines auch vom administrativen Standpunkt wichtigen Kultzentrums hängt auch mit dem Strassennetz zusammen. Dieser Faktor muss bei der Würdigung der Verbreitung ägyptischer Kulte unbedingt in Rechnung gezogen werden. Die Gegend nördlich und nordöstlich vom Balaton kann, trotz ihrer unzweifelhaften Verbindung mit Savaria [2]) als gegenwärtig noch ungenügend durchforscht betrachtet werden. Diese von Savaria diagonal in südöstlicher Richtung führende Route berührt das westliche Ende des Balaton und geht über Sopianae nach Mursa. Bei Lugio reicht sie bis zur Donau, die von dem Standpunkt der Kriegsverteidigung und des Handels eine immer wichtigere Route zwischen Nord und Süd bildete.

In diesem Gebiet war das nördliche Ufer des Balaton dichter bewohnt; aber auch südlich treffen wir an einigen Orten auf ägyptische Kultgegenstände. Eine eingehende Prüfung dieser Gegenstände wird dadurch verhindert, dass der Grossteil der in den Komitaten Györ, Sopron, Somogy ans Licht gebrachten Funde während des zweiten Weltkrieges beschädigt wurde oder verloren ging [3]), und heute nur mehr aus Erwähnungen in der Literatur bekannt ist. Die voneinander entfernten Fundorte liegen zwar nicht unmittelbar an der Landstrasse, aber doch in der Nähe derselben, und können mit dem Strassennetz von Transdanubien in Zusammenhang gebracht werden.

1) Cf. E. Lovas, *Pannónia római úthálózata Győr környékén.* (*Pannonhalmi Szemle Könyvtára* 22) Pannonhalma 1937, 15-16.
2) A. Gráf, *Pannonia ókori földrajza. Übersicht der antiken Geographie von Pannonien* (*Diss. Pann.* I. 5), 70. Zum Beweis für die Zusammenhänge mit Savaria verweist Mócsy auf die Identität des Fundmaterials: *Die Bevölkerung von Pannonien*, 41.
3) Laut Nachricht Nr. 429/1960 des Balaton Museums von Keszthely ist der Grossteil der in Frage stehenden Gegenstände während des Krieges, als eingepacktes Material, infolge eines Bombenangriffes auf den Zug während des Transportes zugrunde gegangen.

Zu Szentpálpuszta, an der Route Arrabona-Savaria wurde ein
kleiner bronzener Apiskopf entdeckt [1]). Auf der Strasse südöstlich
von Savaria, dort, wo diese den Balaton berührt, ist Fenékpuszta
die bedeutendste Niederlassung. Hier erinnert eine seitdem ver-
lorengegangene Hermes-Thotstatuette an den Isiskult [2]), aber die
fortgesetzten Ausgrabungen dürften auch noch weiteres Material
an den Tag fördern. In Somlójenő wurden zwei fragmentarische
Osiris-Statuetten gefunden [3]). In Orci wurde im Jahre 1883 während
der Ackerbestellung eine Affenstatuette, mit Sonne und Mondsichel geschmückt, gefunden [4]).

Im nordöstlichen Teil des Balaton, auf dem durch das Bakony-
gebirge nach Arrabona führenden Wege, gehört die römische
Villenansiedlung von Pogánytelek zu den verhältnismässig am
besten untersuchten Fundorten. Die Giesserei von Gyulafirátót-
Pogánytelek stellt uns vor die Frage, welche Folgerungen sich aus
dem Vorhandensein der verhältnismässig billigen bleiernen Kultgegenstände auf die völkische Religiosität im Zusammenhang mit
den ägyptischen Kulten ziehen lassen. Angesichts der beiden Isis-
Fortuna-Statuetten der Werkstatt ist zu vermuten, dass die
dortige Ackerbau betreibende Bevölkerung sich ebenfalls im
Besitze solcher Kultgegenstände befand [5]). Im pannonischen
Denkmalmaterial kann jedoch diese Hypothese ausser den schon
erwähnten wenigen kleinen Fayenceamuletten von grober Arbeit
mit keinen weiteren Belegen unterstützt werden.

1) A. Hekler in *Múzeumi és Könyvtári Értesítő* 3, 1909, 201. E. Lovas in
A Győri Czuczor Gergely Gimnázium Értesítője, 1933-34, 9. *Ibid*. Abb. 2. Der
heute im Besitze des Museums von Győr befindliche (Inv. Nr. 53.211.18)
Apiskopf ist hohl und steht auf einer Basis, konnte also auch als Schmuck-
sache gebraucht werden. Das Zapfenloch zwischen den Hörnern mochte zur
Einfügung der charakteristischen Mondsichel dienen.

2) A. Hekler in *Múzeumi és Könyvtári Értesítő* 3, 1909, 202. S. Anm. 181.

3) Die zwei im Besitze des Museums befindlichen Osirisstatuetten sind
in Győr infolge der Kriegsereignisse verschollen. Beschreibung: E. Lovas in
A Győri Czuczor Gergely Gimnázium Értesítője, 1933-34, 7-8. Aufnahme der
einen Statuette *ibid*. Abb. 1.

4) K[álmán] D[arnay] in *AÉrt*. 10, 1890, 446. *Cf*. S. 45 Anm. 3.

5) In Zusammenhang mit der Würdigung der Giesserei von Pogánytelek
erkannte Edith B. Thomas die Bedeutung der Isis-Fortuna-Statuetten und
stellte die Problematik ihres Gebrauches auf in *AÉrt*. 79, 1952, 32 ff.
bes. 33 u. 36.

Eines der problematischsten Denkmäler der Balatongegend, und man kann sagen, der ganzen Provinz, ist der jüngstens am Strand des am Südufer des Balaton gelegenen Badeortes Balatonszabadi entdeckte ägyptische Altarstein (H. 0.73). Dieser in zerbrochenem Zustand entdeckte Stein, der die schon seit dem Alten Reiche bekannte, sich nach unten und oben erweiternde Form ägyptischer Opfertische aufweist, mochte mehrere Jahre im Wasser gelegen haben. Der beschädigte, stark abgewetzte und ausgespülte Stein, der die Aufmerksamkeit durch seine figuralen Darstellungen auf sich lenkte, ist im Jahre 1959 unter den zur Verstärkung des Strandes aufgehäuften Steinblöcken gefunden worden (Abb. 14, 15 und 16) [1]).

In der Römerzeit war der südliche Uferrand des Balaton nicht bewohnt. Dagegen zieht sich in der hügeligen oder bergigen Gegend des Nordufers eine ganze Reihe von Villen hin [2]). Laut der an Ort und Stelle erhaltenen Informationen wurden die Steine aus Badacsony, zur Verstärkung des südlichen Uferrandes, hergeführt. Der Aufstellungsort des Steines muss demzufolge an der Nordseite gesucht werden. Diese Vermutungen wurden auch durch das Ergebnis der mineralogischen Untersuchung bestätigt, demzufolge der Stein mit dem Kalkstein der Balatonhochebene identisch ist.

Die Darstellung des Steines muss noch eingehend untersucht werden. Zusammenfassend kann sie folgendermassen geschildert werden: Der sich unten und oben erweiternde Teil des Altars ist mit echten und falschen Hieroglyphen geschmückt. In beiden Teilen können das Schriftzeichen „n", unten das Wortzeichen „wr" „gross", und unten noch ein Ideogramm „ntr" „Gott", unterschieden werden. Ausserdem kommen auch einige nicht als Hieroglyphen zu betrachtende Schriftzeichen vor. In dem oben und unten mit einer Kreislinie abgegrenzten mittleren Teil erscheinen drei Göttergestalten. Trotz der Abgenütztheit ist der thronende Osiris mit dem Wedel als Herrscherinsignie in der Hand gut zu

1) Der zerbrochene Altarstein kam über Vermittlung der Archäologischen Forschungsgruppe der Ungarischen Akademie der Wissenschaften in die Ägyptische Sammlung des Kunsthistorischen Museums von Budapest.

2) Freundliche Mitteilung von Edith B. Thomas auf Grund ihrer die römischen Villen am Balaton behandelnden, im Druck befindlichen Arbeit.

erkennen. In Kopfhöhe neben ihm steht mit deutlichen und richtig geschriebenen Hieroglyphen der Name Osiris. Neben Osiris befinden sich zwei stehende Gestalten. Der eine ist der mit Falkenkopf und Sonnenscheibe charakterisierte Horus mit Szepter, der andere als der vorwärts ausschreitende, aber nach rückwärts schauende Anubis zu erkennen. Die Kleidung der Gestalten entspricht eher der römischen Tracht, auch die echten und Pseudohieroglyphen deuten auf die Römerzeit.

Dieser im Denkmalmaterial der Provinzen alleinstehende Gegenstand wird in Zukunft vielleicht durch weitere Funde ergänzt werden. Vorläufig ist nur soviel zu vermuten, dass der Altar im Privatheiligtum eines Isisgläubigen römischen Grundbesitzers gestanden hat. Die ägyptischen Darstellungen können auch auf Musterbücher zurückgeführt werden. Dafür spricht die Ausführung der Schriftzeichen, deren Form verrät, dass sie nicht nur von einem Provinzsteinmetzen nach dem Gedächtnis gezeichnet wurden. In Badacsony ist schon seit langem jene Fortunastatuette bekannt, die in einem Weingarten in Badacsonytördemic gefunden wurde [1]). Der Römer, der sich mit Vorliebe in Weingegenden niederliess, konnte hier neben seinen eigenen auch die ägyptischen Götter verehren. Jedenfalls scheint der Altar von Balatonszabadi die problematische aber mit Recht vorausgesetzte Existenz von Privatheiligtümern zu bekräftigen.

Neben dem Denkmalmaterial der bisher untersuchten Kultstätten von Ober- und Unterpannonien bildet die Donaulinie jene natürliche Landstrasse, die vom Römertum in immer steigendem Masse benutzt wurde, und auch Denkmäler ägyptischer Kulte birgt. Mit reichen Funden kann hier nicht gerechnet werden, da doch ein Militärlager, ein Wachtposten, eine Handelskolonie an sich keine starke Basis für die Entwicklung dieser Kulte sein können. Hie und da kommen ein Kultgegenstand, ein Amulett, ein Symbol zum Vorschein, die wohl das Eigentum eines Isisgläubigen Soldaten oder Händlers waren. Diese Kultdenkmäler sind überall anzutreffen, wo sich römische Soldaten, Kaufleute oder Kolonisten aufgehalten haben. Doch ist eine Blüte des Kultes, ein monumen-

1) V. Récsey, *Balaton-vidéki régészeti kutatásaim némi eredménye*, Veszprém 1895, 25.

tales Denkmal oder eine weitläufigere Einbettung desselben nur dort zu bemerken wo er besonders im Zusammenhang mit dem Kaiserkult auftritt.

Von Süden nach Norden gehend längs der Donaulinie bezeichnet hie und da ein Fund die Existenz ägyptischer Kulte, oder die Anwesenheit von Isis-Anhängern. Dunaszekcső ist der Fundort eines als Grabfund bekannten Skarabäus [1]), in Báta wurde ein Uschebti gefunden [2]). In Bátaszék wurde im Jahre 1951 während des Pflügens eine schöngeformte 14.5 cm hohe Osiris-Statuette entdeckt [3]), Szekszárd ist der Fundort eines ibisköpfigen Thot-Amulettes [4]) von hellblauer Farbe, die für die Kaiserzeit charakteristisch ist, sowie eines Pataikos-Amulettes [5]) von gleicher Farbe. Aus Dunakömlöd kennt man seit langem jene ebenfalls schöngeformte 9 cm hohe bronzene Osiris-Statuette, die zusammen mit anderen Götterstatuetten entdeckt wurde [6]). Im Komitat Tolna war übrigens in der Ortschaft Tevel eine Bronzestatuette des Osiris (Abb. 17) gefunden worden [7]), was ebenfalls die Hypothese zu unterstützen scheint, dass die im Dienste des Totenkultes stehenden Statuetten nicht durch Zufall und auch nicht als Kunst-gegenstände hierher gekommen waren.

In nördlicher Richtung längs der Donaulinie ist Intercisa die nächste bedeutende Station. Die Prüfung der hiesigen orientalischen Kultdenkmäler scheint unsere bisherigen Ausführungen zu be-kräftigen. Hier stationierten nämlich Soldaten, und zwar orien-

1) L. Nagy, *Aquincumi mumia-temetkezések* (*Diss. Pann.* I. 4), 29. A. Dobrovits, *Az egyiptomi kultuszok emlékei Aquincumban*, 61. Der Skarabäus war ein Grabfund, leider ist er verschollen.

2) Im Museum von Szekszárd. Inv. nr. 59.46.1. S. die im Druck befindliche Arbeit von P. Lakatos, *Beiträge zur Verbreitung ägyptischer Kulte in Pannonien* (*Acta Universitatis Szegediensis*).

3) Museum von Szekszárd. Inv. nr. 59.45.1. S. die im Druck befindliche Arbeit von L. Lakatos.

4) Museum von Szekszárd. Inv. nr. 59.43.1. S. die oben erwähnte Arbeit von L. Lakatos.

5) Museum von Szekszárd. Inv. nr. 59.47.1. S. die oben erwähnte Arbeit von L. Lakatos.

6) Museum von Szekszárd. Inv. nr. 59.105.1; M. Wosinszky, *Tolna vármegye története*, Budapest 1896, 720 u. Taf. CLXXI Abb. 4. A. Dobrovits, *Az egyiptomi kultuszok emlékei Aquincumban*, 57.

7) Archäologische Sektion des Ungarischen Nationalmuseums Inv. nr. 14.1934.1. *Cf.* A. Dobrovits, *l.c.*

talische Soldaten, und doch kam bei den Ausgrabungen kein als
Lokalfund zu betrachtendes ägyptisches Kultdenkmal ans Tageslicht ¹). Das ganze reduziert sich auf ein vergoldetes Kopffragment
aus Elfenbein von 3.5 cm Grösse, das die Isis-Demeter in Kalathos
und Schleier darstellt und zur Schmückung eines Instrumentes
(Lyra) gedient haben mag ²). Hier scheint die Annahme eines
engeren Zusammenhanges mit den ägyptischen Kulten nicht
berechtigt, doch wird das Problem der syrischen Kulte von anderen
Gesichtspunkten untersucht werden.

Nördlich von Aquincum ist die Gegend des Donauarmes für die
ägyptischen Kulte von Wichtigkeit. Hier kommen zwei Verkehrs-
strassen in Betracht: die eine folgt der Donau, die andere geht
zwischen Aquincum und Solva (Esztergom) diagonal über dieselbe.
Diese letztere Route war von militärischer Bedeutung. Aus Solva
kennt man eine schöne Statuette der Isis-Fortuna (Abb. 18), die
im Jahre 1820 in der Festung von Esztergom entdeckt worden
ist ³). Die Frauengestalt deren Kopfschmuck mit Mondsichel,
Sonnenscheibe und Hörnern verziert ist, hält in der Linken das
Füllhorn, in der herunterhängenden Rechten ein Steuerruder.
Diese Statuette gehört zu den schönsten provinzialen Kultdenkmälern.

Die von Pilisszántó nach Nyergesujfalu führende Strasse berührt
die Ortschaft Csév. Hier wurde jener berühmte Stein mit der
Serapis-Inschrift (Abb. 19) gefunden, der obgleich seit langem nach

1) Für die einstige Sammlung Schmidt s. S. 15 Anm. 1. A Hekler in *A Ért.* 30,
1910, 33 veröffentlichte die in den Ausgrabungen von Intercisa in 1908/9,
dort gefundene weibliche Statue (Ungarisches Nationalmuseum 97/109),
die er für eine Darstellung der Isis hielt. Die neue eingehende Untersuchung
stellte fest (Gizella Erdélyi, *Intercisa*, I in *Archaeologia Hungarica* XXXIII,
1954, 186. Literatur: 261; Abbildung der Statue Nr. 231: Taf. LXXII,
Abb. 3), dass man die Spur der rechten Hand für einen Isisknoten angesehen
hatte, und dass keine Spur einer Schlange vorhanden sei.

2) Mária Alföldi, *Intercisa*, II in *Archaeologia Hungarica* XXXVI, 1957,
478, Taf. LXXXII, Abb. 7; im Katalog (ebda 488) als Isiskopf verzeichnet.
Auf den Gegenstand wurde meine Aufmerksamkeit durch Edith B. Thomas
gelenkt.

3) Archäologische Sektion des Ungarischen Nationalmuseums, Inv. nr. 10,
1951, 109. Die im Jahre 1820 in der Festung von Esztergom entdeckte
schöne Statuette steht im Katalog des Ungarischen Nationalmuseums vom
Jahre 1825 bereits verzeichnet: *Cimeliotheca Musei Nationalis Hungarici*,
122, No. 95.

Esztergom überführt, in der Fachliteratur noch immer oft unter dem Namen der Stein von Csév (oder Csiv) erwähnt wird [1]).

[IOVI] OPTIMO M[AX.]
NEPTUNO SERAP[IDI]
PRO [SAL]U[TE ET] VICTOR[IA]
[ET PERP]ETUITATE
[IMP. C]AESARIS
[M. AURELI. ANTON-]
[INI PII FELIC]IS AUG.
[AL]FENUS AVITIANUS
[LEG.] EIUS PR. PR.
PROV. PA[NN. I]NF.

Der Stifter des in der Literatur oft besprochenen Steines wurde lange Zeit als Antianus erwähnt, obschon in der einheimischen Literatur bereits Récsey den Namen Avitianus erkannte [2]). Ritterling [3]) und, nach eingehender Prüfung des Steines, L. Barkóczi [4]), kamen zu demselben Ergebnis. So konnte die in Frage stehende Person mit dem Statthalter Alfenus Avitianus identifiziert werden. Da G. v. Alföldy festgestellt hatte, dass Avitianus im Jahre 218 sich bereits in Rom befand, wurde es zur Tatsache, dass die Inschrift aus der Zeit des Caracalla stammt [5]).

Auch ihrem Inhalt nach ist die Inschrift von Csév bedeutend. Der auch mit Juppiter und Neptunus identifizierte Serapis tritt z.B. auch im benachbarten Dazien mit Isis gemeinsam auf Inschriften auf [6]). Sehr oft werden hohe Offiziere als Stifter genannt. Die Inschrift von Csév diente gewiss dem Kaiserkult, war sie doch für Wohlergehen und Sieg des Kaisers gestiftet. In solchen

1) CIL III, 3637. Drexler, *Der Cultus der aegyptischen Gottheiten in den Donaulaendern*, 36 u. 139 ff. Der anderthalb Meter hohe Stein wurde Ende des vergangenen Jahrhunderts nach Esztergom transportiert. S. V. Récsey, *Pannónia ókori mythologiai emlékeinek vázlata*, 99.
2) V. Récsey, *l.c.*
3) E. Ritterling, *AÉrt.* 41, 1927, 85.
4) L. Barkóczi, *AÉrt.* 1941, 26.
5) In der im Druck befindlichen Arbeit von G. Alföldy, *Aquincum valldsos életének története*. Hier sei ihm auch für die verbindliche Hilfe, die er mir durch die Angabe mehrerer neuerer Funde geleistet, gedankt.
6) I. Paulovics, *Alexandriai istenségek tiszteletének emlékei*, 28-30.

Fällen tritt Serapis nicht als Totengott, sondern als schützende, heilbringende, Wohlergehen und Sieg verleihende Gottheit auf, wie dies auch auf unserem provinzialen Denkmalmaterial zu merken ist. Dieser Aspekt des Gottes macht sich zu jener Zeit geltend, da in Rom unter Caracalla die ägyptischen Kulte einen neuen grossen Aufschwung erlebten. So erklärt sich auch die Aufstellung des Steines in Csév, diesem Mittelpunkte einer wichtigen Heerstrasse unter demselben Kaiser. Die neuestens erfolgte Auffindung einer zweiten Serapis-Inschrift am anderen Ende dieser Heerstrasse, bekräftigt diese Tatsache. Diese Inschrift von Nyergesujfalu [1]), stammt aus derselben Zeit und ist ebenfalls zum Wohl und Sieg des Kaisers Caracalla geweiht [2]):

> DEO INVICT(O)
> SERAPI PRO SAL.
> ET VICTORIA IMP.
> CAES. M. AUREL.
> ANTONINI

Der Rest des Steines bezw. der Inschrift ist nicht erhalten.

Parallel mit der Strasse von Csév, südöstlich von derselben, führt noch ein diagonaler Weg durch Tata nach Brigetio zur Donau. In Tata erinnert eine schöne Statuette der Isis-Fortuna (Abb. 20) an die ägyptischen Kulte [3]).

1) Der fragmentarische Stein wurde in Nyergesujfalu entdeckt und ins Museum von Dorog eingeliefert. Hier sei G. Alföldy für Mitteilung, und S. Soproni für die Kopie der Inschrift gedankt: *AÉrt.* 88, 1961, 26 ff.

2) Mit den geschichtlichen Umständen der Stellung des Steines von Nyergesujfalu und damit auch von Csév befassen sich G. Alföldy und J. Fitz in voneinander unabhängigen Arbeiten. G. Alföldy lenkte meine Aufmerksamkeit auf jenes geschichtliche Ereignis, das in Zusammenhang mit einem Einbruch der Dazier die erwähnte Strasse berührte und sich an den siegreichen Kriegszug des Caracalla im Jahre 214 in dieser Gegend knüpft. Beide Serapis-Inschriften lassen sich aus diesen Umständen erklären.

3) Museum von Tata, Inv. Nr. 56.16.1. Hier sei E. Biró, dem Leiter des Museums von Tata gedankt, der die Publikation ermöglichte und meine Aufmerksamkeit auf den im folgenden zu behandelnden neuen Fund von Ács-Vaspuszta lenkte. Die unter obiger Inventarnummer registrierte Isis-Statuette des Museums von Tata befand sich vor dem Krieg im Besitz des Museums von Györ, *Cf.* E. Lovas in *A Györi Czuczor Gergely Gimnásium Értesitöje*, 1933-34, 10, bezw. Abb. 3.

Durch die neue Grenzbestimmung des Caracalla im Jahre 214 kam Brigetio an Pannonia Inferior [1]) und die ganze Donaustrecke unter noch strengere militärische Bewachung. Die Festungen längs des grossen Limesweges und die gleichzeitig entstehenden Handels-kolonien bedeuten die Raumgewinnung orientalischer Kulte auf diesem Gebiete seit dem Ende des 2. Jahrhunderts. In Ács-Vaspuszta, in der Nähe von Brigetio, wurden im Ackerfeld nahe der Donau und an den ausgespülten Ufern bereits viele römische Kultdenkmäler entdeckt. Neuestens fand man hier eine Osiris-statuette von schöner Ausführung als Erinnerung an die ägypti-schen Kulte [2]) (Abb. 21).

Brigetio, das in der Verteidigung der Donau eine zentrale Stellung einnahm, war seit Anfang des 3. Jahrhunderts fast ein Sammelplatz orientalischer Elemente [3]). Die beständig in der Stadt stationierende *legio I adi.* nahm seit dem 2. Jahrhundert immer mehr Orientalen auf, doch blühte hier, wie Barkóczi darauf hinweist, der Kult jener Götter, die den Soldaten vertraut waren [4]).

Dank dem Charakter, der geographischen Lage und der Aus-dehnung der Stadt ist das ägyptische Denkmalmaterial hier bedeutender als in den weniger wichtigen Festungen, trotzdem werden hier die Anhänger ägyptischer Kulte nicht sehr zahlreich gewesen sein [5]). In Brigetio sind zwei hellenistische Bronzesta-tuetten der Isis [6]) und ein Fayence-Uschebti [7]) entdeckt worden.

1) A. Alföldi, *Budapest az ókorban*, 298.
2) Die 13 cm hohe, sehr schön geformte in die saitische Periode zu datierende bronzene Osiris-Statuette befindet sich in einer Privatsammlung. Sie wurde im Jahre 1955 in den Feldern in der Nähe der Donau gefunden.
3) Für die Geschichte von Brigetio grundlegend: L. Barkóczi, *Brigetio* (*Diss. Pann.* II, 22), I, Tafeln, Budapest 1944; II, Budapest 1951. Für die angeführte Stelle: II, 21.
4) *Ibid.*, 33.
5) *Ibid.*
6) Aus der einstigen, bedauerlicherweise verschollenen Sammlung Tusla. E. B. Thomas lenkte meine Aufmerksamkeit darauf. Ihr will ich an dieser Stelle für ihre vielfältige und bei meiner Arbeit unentbehrliche Hilfe danken. Die Statuetten sind von I. Paulovics veröffentlicht worden: *AÉrt.* 1942, 218, Taf. XXVII, Abb. 4-5.
7) Der untere Teil des in Frage stehenden Uschebti fehlte, und befand sich vor dem Kriege im Besitz des Museums von Győr. Beschreibung von: E. Lovas in *A Győri Czuczor Gergely Gimnázium Értesítője* 1933/34, 8, auf

Ebenda kam im Donaubette eine hohle Isisbüste zum Vorschein, die wohl der Henkel einer Lampe [1]) war. Ein Teil des Denkmalmaterials von Brigetio ist bedauerlicherweise in verschiedenen öffentlichen und Privatsammlungen zerstreut, deren genaue Untersuchung heute nicht mehr möglich ist. Zweifellos aus Brigetio stammt eine heute im Museum zu Komárom (Komarno in der Tschechoslovakei) aufbewahrte Serapisstatuette aus Marmor [2]), das einzige künstlerische Denkmal dieser Art aus dem ungarischen Pannonien. Ebenfalls aus Brigetio stammt eine Fundgruppe: eine ägyptische Situla mit ägyptischen Götterdarstellungen, ferner eine bronzene Osirisstatuette und eine doppelte Uräus-Schlange [3]).

Mit der Übersicht des Denkmalmaterials der Limeslinie des Donauwinkels schliesst sich der Kreis, auf dem die längs der militärischen und Handelsrouten von Transdanubien und der Donaulinie liegenden Siedlungen in Frage kommen konnten.

Obgleich das vorhandene Material für die Bestimmung der Ausbreitung ägyptischer Kulte nicht vollkommen entscheidend ist, können aus ihm doch gewisse diesbezügliche Schlüsse gezogen werden. Unsere erste Feststellung bezieht sich auf das zu Anfang dieser Arbeit aufgestellte Problem: die Denkmäler des Isiskultes melden sich fast ausschliesslich in der von den Römern besetzten Provinz, also ist der Zusammenhang augenfällig. Der Fund von Kunszentlászló nimmt im Barbaricum eine Sonderstellung ein [4]).

Das von A. Dobrovits nach eingehender Untersuchung ver-

Grund deren dieses mit Bestimmtheit festzustellen ist. Laut dieser Beschreibung handelt es sich um „eine tönerne mumienartige Osirisgestalt mit aus dem Totenbuch entlehnten Text''.

1) Die in Frage stehende kleine Isis-Büste als Fund aus Ószöny kam aus der Sammlung Kállay ins Museum von Tata. Inv. nr. K. 1819. Die Umrisse der ziemlich abgenützten Statuette sind eher rauh, auch der bezeichnende Kopfschmuck ist formlos und das darauf befindliche Hörnchen nur durch Einritzung gekennzeichnet.

2) I. Paulovics, *AÉrt.* 36, 1916, 190, *ibid.* Abb. 1.

3) Im Inventarbuch des Ungarischen Nationalmuseums aus dem Jahre 1884, irrtümlich als neuzeitliche kupferne Kapsel, bezw. als bronzenes Henkelfragment aufgeführt. Auf den Fund lenkte Edith B. Thomas meine Aufmerksamkeit.

4) A. Dobrovits, *Egyiptomi amulett szarmata sírból. A Magyar és Orosz Iparművészet Történeti Kapcsolatairól*, Budapest 1954, 9-34. Das Bild des in Frage stehenden Amulettes *ibid.* Abb. 1-2.

öffentlichte Denkmalmaterial wurde in einem Sarmatengrabe entdeckt. Von den dort gefundenen sieben Amuletts ist nur eins erhalten, die anderen sechs, die sich im Privatbesitz befanden, sind verloren gegangen. Das in den Besitz des Museums von Szolnok übergangene kleine Anubis-Amulett aus Fayence bestätigt an sich die zielbewusste Anwendung im Dienste des Totenkultes. Dobrovits verweist auf die grosse Bedeutung des ähnlichen Amulettmaterials von Südrussland, und auf das Fortbestehen des Gebrauchs derselben. Durch die von den ins ungarische Gebiet eindringenden Sarmaten mitgebrachten ägyptischen Amuletts verweist der Fund von Kunszentlászló ebenfalls auf die Einwirkungen der ägyptischen Totenkulte auf die am Pontus blühenden griechischen Kolonien [1]).

Die als Ausnahme zu wertenden Funde im Barbaricum ändern nichts an der Tatsache, dass die ägyptischen Kulte der Kaiserzeit in der Regel in den römischbesetzten Gebieten auftreten.

Neben dem zahlenmässig ebenfalls ziemlich bedeutenden Denkmalmaterial der ägyptischen Kulte in Pannonien genügt das Heiligtum von Savaria allein zur Entscheidung der Frage, ob mit Ausnahme einiger auf Alexandrien hinweisenden und in Wirklichkeit nur als Schmuck gebrauchter Gegenstände, wie sie z.B. in Aquincum vorkommen, und von einigen zur Ausschmückung gebrauchten ägyptischen Gegenständen abgesehen — wie z.B. der Lyraschmuck von Intercisa oder der Lampenhenkel von Brigetio, — die unmittelbar aus Ägypten stammenden Gegenstände: Amuletts, Götterstatuen und Uschebti mit dem Isiskult und seiner Verbreitung mit Gewissheit in Zusammenhang gebracht werden können. Eine besondere Bedeutung gewinnen die Mumienbegräbnisse von Aquincum und Carnuntum. Die Verehrung der Isis und des Serapis wird auch durch Inschriften bezeugt, doch ist die erste charakteristischerweise in der Colonia von Pannonia Superior entstanden, die gleichzeitig den Mittelpunkt des Kaiserkultes bildete, während die letztere in unmittelbarem Zusammen-

---

1) Nach der freundlichen Mitteilung von J. Gy. Szilágyi ist in einer neuesten Veröffentlichung wieder ein ägyptisierender Fund aus einem Sarmatengrabe im Kaukasus verzeichnet worden: V. B. Vinogradov in *Sovetskaja Arheologija* 4, 1960, (Nr. 3), 309-310.

hang mit der Person des Kaisers und seiner Anwesenheit auf den oben untersuchten Steinen von Csév und Nyergesujfalu gebracht werden kann. Das erste Auftreten und die stärkste Entfaltung der ägyptischen Kulte zeigt sich in Savaria, dieser mit italischem Volkselement stark durchdrungenen Kolonie. Das längste Bestehen der ägyptischen Kulte ist wieder in dem wirtschaftlich und militärisch gleichsam bedeutenden Aquincum zu beobachten.

Kaufleute, Militär, Orientalen und, wahrscheinlich aber nicht erweislich, die niederen Volksschichten, wirken also als Träger und Propagatoren ägyptischer Kulte zusammen. Auf Grund des Denkmalmaterials kann jedoch festgestellt werden, dass keiner dieser Faktoren die Entwicklung des lokalen Isiskultes in dem Masse beeinflusste, wie dies im nicht militärischen, entschieden bürgerlichen und über ein vorwiegend aus Italikern bestehendes Beamtencorps verfügenden Savaria der Fall war. Der Kaiserkult muss als eine der stärksten Stützen der Verbreitung des Isiskultes im kaiserzeitlichen Pannonien betrachtet werden. Weder im ausschliesslich militärischen Intercisa, noch in der Handelskolonie Scarbantia, oder in den aus beiden Elementen zusammengesetzten Aquincum und Brigetio kann man — trotz der relativen Vielseitigkeit des Materials — jenen Grad des Kultes wahrnehmen, wie in Savaria, dem nicht-militärischen Zentrum des Kaiserkultes.

Zu jener Zeit hatten sich die in Pannonien verehrten ägyptischen Götter bereits in römische Götter verwandelt. Kaufleute, Soldaten und die ohnehin in geringer Anzahl anwesenden Ägypter, die Freigelassenen wandten sich gern um Hilfe an die wunderwirkende Isis und Serapis. Trotzdem war das italische Bürgertum die Hauptstütze dieser Religion, die nicht nur Erfolg auf Erden und ein Weiterleben nach dem Tode versprach, sondern mit diesem Glauben auch die tiefste Ehrfurcht für den vergötterten Kaiser verband. Es ist wohl kein Zufall, dass das Zusammenwirken der die Isisreligion propagierenden Faktoren, und damit die Blüte der ägyptischen Kulte, in die Zeit der diese Kulte begünstigenden Kaiser des 2. und 3. Jahrhunderts fällt.

Abb. 1. Harpokrates-Kopf aus Fayence aus Aquincum.

Abb. 2-3. Denkstein des Moderatus und des Nigellio aus Savaria.

Abb. 4. Das sogenannte „Anubis Relief" aus Savaria.

Abb. 5. Relief der Isis-Sothis und des Mars aus dem Iseum von Savaria.

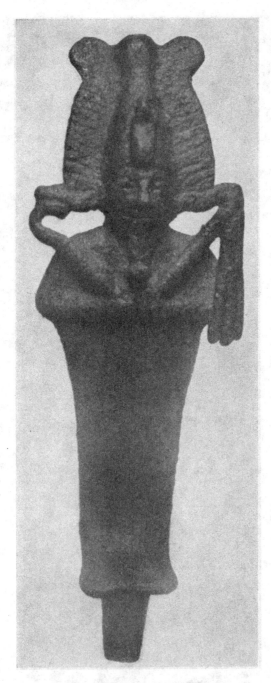

Abb. 6. Osiris-Statuette aus Bronze aus Savaria.

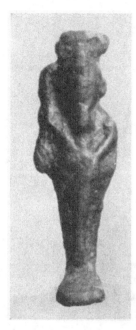

Abb. 7. Chons-Statuette aus
Bronze aus Rohonc (Rechnitz).

Abb. 8. Altar der Isis-Bubastis in
Scarbantia.

Abb. 9. Skizzenhafte Darstellung des Anubis mit der Maske aus Scarbantia.

Abb. 10. Die Hydria von Egyed (1).

Abb. 11. Die Hydria von Egyed (2).

Abb. 12. Die Hydria von Egyed (3).

Abb. 13. Die Patera von Egyed.

Abb. 14. Altarstein aus Balatonszabadi (1).

Abb. 15. Altarstein aus Balatonszabadi (2).

Abb. 16. Altarstein aus Balatonszabadi (3).

Abb. 17. Osiris-Statuette aus Bronze aus Tevel.

Abb. 18. Bronzestatuette der Isis-Fortuna aus Esztergom.

Abb. 19. Die Serapis-Inschrift aus Csév (Esztergom).

Abb. 20. Bronzestatuette der Isis-Fortuna
aus Tata.

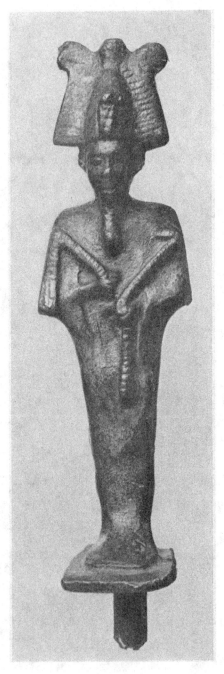

Abb. 21. Osiris-Statuette aus Bronze aus
Ács-Vaspuszta.

Vindobona
Carnuntum
Scarbantia
Rechnitz-Rohonc
Egyed
Arrabona
Ács
Brigetio
Szentpálpuszta
Csákvár
Gyulafirátót-Poganytelek
Somlójenő
SAVARIA
Ráva
Badacsony
Fenékpuszta
Orci
B.-Szőllős
Szegzárd
Tevel
Szegzárd
Sopianae
Bóta
Domaszekső
Báttaszék
Herculia
Dana-Komlód
Intercisa
Vetus Salina
Csér
Tata
Nyergesújfalu
Esztergom (Solva)
AQUINCUM
Mursa
Sirmium
Siscia
Andautonia
Neviodunum
Emona
Celeia
Poetovio

LEGENDA

Die westliche und südliche Grenze Rumäniens   Römische Militärische- und Handelswege (mit Ergänzungen)

Die westliche und südliche Grenze Ungarns

kursivierungen   Fundplätze des Isiskultes

Vilmos Wessetzky

Die ägyptischen Kulte zur Römerzeit in Ungarn

CORRIGENDA

Seite 41 — die unteren 4 Zeilen sind zu streichen.
Seite 42 — die oberen 4 Zeilen sind zu streichen.
Seite 41, untere 4 Zeilen/Seite 42, obere 4 Zeilen, *lies*:

> Möge es auch noch so verlockend sein in dieser Darstellung
> die Analogie des Reliefs von Savaria zu erkennen, so machten
> dennoch die besseren Photo-Aufnahmen viel wahrschein-
> licher, dass es um einen Stab und um eine Opferkanne — viel-
> leicht auch um eine Patera — handelt, wie die Opferrequisiten
> auf römischen Altaren auch sonst vorkommen.

Tafel V, Abb. 9 — *anstatt*: Skizzenhafte Darstellung des Anubis
mit der Maske aus Scarbantia, *lies*: Rückseite eines Silvanus-
Altars.

Karte, Legenda — *anstatt*: "Rumäniens", *lies*: "Pannoniens".

Printed in the United States
By Bookmasters